道路交通安全概论

主　编　邹铁方　武超群

中南大学出版社
www.csupress.com.cn
·长沙·

图书在版编目（ＣＩＰ）数据

道路交通安全概论／邹铁方，武超群主编. --长沙：中南
大学出版社，2018.1

ISBN 978 - 7 - 5487 - 3042 - 2

Ⅰ.①道… Ⅱ.①邹… ②武… Ⅲ.①公路运输－交通运输安
全－概论 Ⅳ.①U491.4

中国版本图书馆 CIP 数据核字(2017)第 259420 号

道路交通安全概论

主编 邹铁方 武超群

□责任编辑　韩　雪
□责任印制　易红卫
□出版发行　中南大学出版社

　　　　　社址：长沙市麓山南路　　　　　邮编：410083
　　　　　发行科电话：0731 - 88876770　　传真：0731 - 88710482

□印　　装　长沙德三印刷有限公司

□开　　本　787×1092　1/16　□印张 10　□字数 253 千字
□版　　次　2018 年 1 月第 1 版　□2018 年 1 月第 1 次印刷
□书　　号　ISBN 978 - 7 - 5487 - 3042 - 2
□定　　价　28.00 元

应用型本科院校汽车服务工程专业"十三五"规划教材
学术委员会

应用型本科院校汽车服务工程专业"十三五"规划教材

编委会

主　任

张国方

副主任

（按姓氏笔画排序）

于春鹏　　王志洪　　邓宝清　　付东华

汤　沛　　邬志军　　余晨光　　李军政

李晓雪　　胡　林　　赵　伟　　高银桥

尉庆国　　龚建春　　蔡　云

前　言

在成果导向教育理念的指导下，教育者对学生毕业时应达到的能力及水平有清晰的构想，然后通过课程体系特别是具体课程的改革保证学生达成相关预期目标。在这一大背景下，以汽车服务工程专业培养目标为指导，出版《道路交通安全概论》一书，以期使汽车类专业学生在学完课程知识后，了解交通运输安全研究所需的相关基础知识，特别是与车辆工程紧密联系的交通事故研究的相关基础知识。

本书共8章。第1章为绪论，简介我国交通安全的概况及交通安全研究中需用到的基本概念；第2~6章介绍了影响交通安全的人、车、路、环境及管理等5个要素；第7章和第8章为本书的重点内容，其中第7章介绍道路交通事故现场勘查相关技术，第8章介绍道路交通事故再现技术。本书由长沙理工大学邹铁方、黑龙江工程学院武超群任主编。

本书可作为高等院校机械类专业学生学习交通运输安全相关知识的教材，亦可作为从事交通事故研究特别是交通事故深度调查相关工作的工程技术人员、管理干部、教师及相关学者的参考书。

书中案例、技术等相关资料，受到国家自然科学基金"多源不确定信息下车人碰撞事故高可靠再现方法研究（51775056）"、"考虑痕迹不确定性的车人碰撞事故再现技术（51208065）"、湖南省重点研发计划项目"车人碰撞事故再现结果可靠性提升关键技术研究（2015JC3056）"等科学研究项目及湖南省普通高等学校教学改革研究项目"OBE理念下独立学院课程教学改革与实践——以'交通运输安全与法规'为例（CNJG1646）"、长沙理工大学研究生教研教改课题"基于OBE理念的专业学位教育教学案例库建设方法研究——以《交通安全技术》教学改革与实践为例"、长沙理工大学校级规划教材"交通运输安全与法规概论"等教学改革项目的支持。在书稿编写过程中，研究生肖璟对各类资料进行了整理并重绘了文章中部分插图且参与了全书的撰写工作，在此一并表示感谢。

由于时间仓促，编者水平有限，书中难免存在错误和不足之处，欢迎读者批评、指正。

编　者
2018年1月

目　录

第 1 章 绪论

1.1 我国道路交通安全概况

随着社会经济的发展和人们生活质量的提高,汽车已经成为普通消费品并广泛进入家庭,可汽车在给人们生活带来极大便利的同时,随之而来的交通事故也给人们带来了伤痛和灾难。

世界卫生组织 2015 年道路安全全球现状报告显示,每年全世界约有 125 万人死于交通事故,该数字自 2007 年以来一直处于稳定水平。图 1 – 1 所示为 2012 年 15 ~ 29 岁人群的十大死亡原因。由图 1 – 1 可知,道路交通事故已成为全球的一项主要死亡原因。

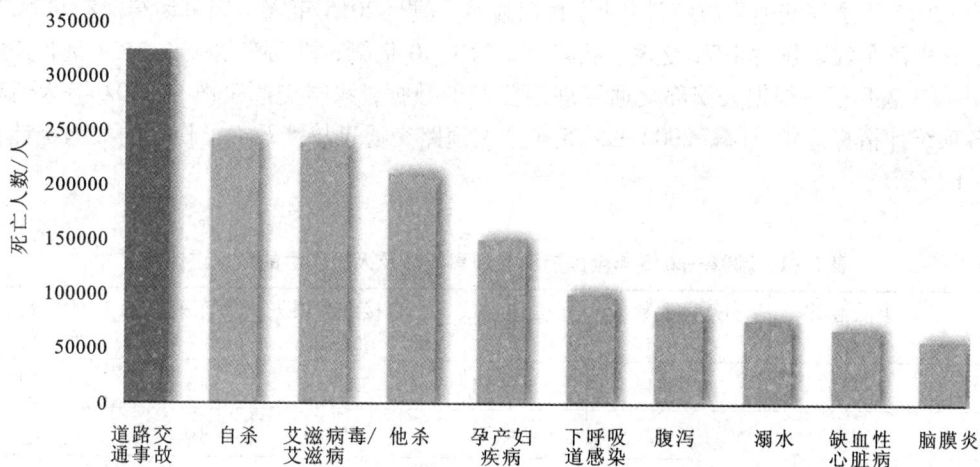

图 1 – 1 2012 年 15 ~ 29 岁人群的十大死亡原因

1.1.1 我国道路交通安全现状

据《2015 年道路交通事故统计年报》数据显示,2015 年全国共报道道路交通事故 741.9 万起,同比增加 65.9 万起,上升 9.8%。其中,涉及人员受伤、死亡的道路交通事故 187781 起,造成 58022 人死亡、199880 人受伤,直接财产损失约 10.4 亿元,与上年同期相比,事故起数、死亡人数、受伤人数、直接财产损失同比分别下降 4.6%,0.9%,5.7% 和 3.6%。其中，发生一次死亡 3 人以上的道路交通事故 770 起，同比减少 45 起；发生一次死亡 5 人以上的道路交通事故 162 起，同比减少 19 起；发生一次死亡 10 人以上的道路交通事故 12 起，同比减少 1 起。发生适用简易程序处理的道路交通事故 723.1 万起，同比增加 66.8 万起，上升 10.2%。道路交通事故万车死亡率为 2.1，同比减少 0.1。

1. 道路交通安全形势总体保持稳定

（1）道路交通安全形势总体平稳，部分地区事故出现反弹。2015 年涉及人员伤亡的事故数量、死亡人数、受伤人数均同比下降，其中事故死亡人数降幅为 0.9%，下降幅度较小。全国有 7 省（区、市）事故死亡人数同比上升，其中，海南、北京、河南上升明显，同比分别上升 9.2%、8.3% 和 8.2%。与此同时，适用简易程序处理的事故数量持续增长，增幅超过 10%。

（2）较大以上道路交通事故持续减少，重特大事故创历史新低。较大以上道路交通事故继续下降，降幅 5.5%，相比 2014 年降幅扩大，全国有 16 个省份较大以上事故同比下降。全年共发生重特大道路交通事故 12 起，12 起事故分布在 11 个省份，有 20 个省份未发生重特大道路交通事故，事故数量创历史新低。此外，10 月、11 月、12 月均未发生重特大道路交通事故。但是，全年发生 1 起特别重大道路交通事故。

（3）生产经营性事故持续下降，客货运事故均同比下降。2015 年，全国共发生生产经营性道路交通事故 39646 起，造成 19270 人死亡，事故数量、死亡人数分别占总数的 23.3% 和 35.5%。与 2014 年相比，事故数量减少 4766 起，下降 10.7%，占事故总数的比例减少 1.3%；死亡人数减少 969 人，下降 4.8%，占事故死亡总数的比例减少 1.3%。

2. 当前仍然需要通过开展相关研究工作降低交通事故对人们的伤害

据《2015 年道路交通事故统计年报》数据显示，截至 2015 年末全国机动车保有量达 2.78 亿辆，其中汽车保有量为 1.72 亿辆，载客汽车为 1.40 亿辆；机动车驾驶人 3.27 亿，其中汽车驾驶人达 2.8 亿。根据公安部交通管理局公布的数据，我国交通事故自 2002 年达到高峰后，各项统计指标逐年下降。2002—2015 年全国道路交通事故涉及人员伤亡的数据统计表如表 1-1 所示。

表 1-1　2002—2015 年全国道路交通事故涉及人员伤亡的数据统计表

年份	事故起数/次	死亡人数/人	受伤人数/人	直接经济损失/万元	万车死亡率/%	10 万人口死亡率/%
2002	773137	109381	562074	332438	13.71	8.79
2003	667507	104372	494174	336914	10.81	8.08
2004	517889	107077	480864	239141	9.93	8.24
2005	450254	98738	469911	188401	7.57	7.60
2006	378781	89455	431139	148956	6.16	6.84
2007	327209	81649	380442	119878	5.10	6.21
2008	265204	73484	304919	100972	4.33	5.56
2009	238351	67759	275125	91437	3.63	5.10
2010	219521	65225	254075	92634	3.15	4.89

续表 1-1

年份	事故起数/次	死亡人数/人	受伤人数/人	直接经济损失/万元	万车死亡率/%	10 万人口死亡率/%
2011	210812	62387	237421	107873	2.78	4.65
2012	204196	59997	224327	117490	2.50	4.45
2013	198394	58539	213724	103896	2.34	4.32
2014	196812	58523	211882	107543	2.22	4.28
2015	187781	58022	199880	103692	2.08	4.22

由表 1-1 可知，2015 年与 2002 年相比，事故数量降低 75.7%，死亡人数下降 46.9%，受伤人数下降 64.4%，直接经济损失下降 68.8%。这表明我国过去十多年的交通安全对策确实有效降低了道路交通事故率。但同时，我们也应该看到交通事故的绝对数字总量还是很大，这意味着损伤带来的后果依然严重，现阶段的交通安全形势仍不容乐观。

从表 1-1 中还可以看出，近年来事故次数、死亡人数均逐年下降；但直接经济损失在 2009 年后又开始回升，2002 年每起交通事故平均损失为 0.43 万元，可是 2015 年的每起事故平均损失仍高达 0.55 万元。虽然这一数据与经济的发展有一定联系，但不可否认的是，单一事故所导致的社会成本在增加，由此可见，我国的交通安全形势依然严峻。

1.1.2　交通事故按道路类型分布状况

道路是构成交通事故的基础条件，不同类型的道路上，交通事故的实际状况往往存在一定的差异。下面主要是根据不同类型的道路所发生的涉及人员伤亡的交通事故来进行数据统计，便于分析交通事故在空间分布上的特点。表 1-2 所示为 2015 年我国道路类型-四项数据统计。

表 1-2　2015 年我国道路类型-四项数据统计

	事故起数		死亡人数		受伤人数		直接财产损失/元	
	数量	比例/%	数量	比例/%	数量	比例/%	数量	比例/%
合计	187781	100	58022	100	199880	100	1036916560	100
高速	8252	4.39	5477	9.44	11515	5.76	348251010	33.59
一级	14119	7.52	5385	9.28	14045	7.03	60385644	5.82
二级	31150	16.59	12987	22.38	32853	16.44	142658889	13.76
三级	20508	10.92	7390	12.74	22221	11.12	78637108	7.58
四级	16245	8.65	5233	9.02	18007	9.01	58716930	5.66
等外	12007	6.39	3558	6.13	13322	6.66	39685662	3.83
小计	102281	54.46	40030	68.99	111963	56.02	728335243	70.24

续表 1－2

	事故起数		死亡人数		受伤人数		直接财产损失/元	
	数量	比例/%	数量	比例/%	数量	比例/%	数量	比例/%
城市快速路	6142	3.27	1480	2.55	6529	3.27	294882885	2.84
一般城市道路	66878	35.62	13275	22.88	68221	34.13	227656296	21.95
单位小区自建路	482	0.26	55	0.10	474	0.24	988239	0.10
公共停车场	79	0.04	8	0.01	63	0.03	159748	0.02
公共广场	46	0.03	4	0.01	51	0.02	263362	0.03
其他路	11873	6.32	3170	5.46	12579	6.29	50025387	4.82
小计	85500	45.54	17992	31.01	87917	43.98	308581317	29.76

从表 1－2 中可以看出，在公路中，二级公路交通事故数量最多。首先，二级公路属于双向行驶且无中央分隔带的双车道公路，车道数量少、本身就容易发生对向车道违法会车等事故；其次，二级公路是连接政治、经济中心的干线公路，或运输繁忙的城郊公路；最后，二级公路本身数量众多，因而更容易发生交通事故。

而在城市道路中，交通事故数量最多的是一般城市道路，且其死亡人数也最多，这往往是由于一般城市道路中，车流量大，道路交通拥挤造成的。由于每天车流量繁多，导致路面状况往往比其他道路的差，且管理不易，难以仅靠管理人员来管理城市道路交通，需要依靠驾驶员、行人和管理人员的共同协作，彼此遵守交通规则，从而减少交通事故的发生。

表 1－3 所示为 2015 年我国行政等级公路四项数据统计。

表 1－3　2015 年我国行政等级公路四项数据统计

	事故起数		死亡人数		受伤人数		直接财产损失/元	
	数量	比例/%	数量	比例/%	数量	比例/%	数量	比例/%
国道	25783	25.21	12096	30.22	29587	26.43	369838742	50.78
省道	32196	31.48	13052	32.61	35016	31.82	203229977	27.90
县道	25718	25.14	9332	23.31	27041	24.15	99390335	13.64
乡道	18547	18.13	5541	13.84	20281	18.11	55838609	7.67
其他	37	0.04	9	0.02	38	0.03	37580	0.01
合计	102281	100	40030	100	111963	100	728335243	100

由表 1－3 可以看出，省道在各个行政等级公路中事故数量最多。省级干线公路在省公路网中，具有全省性的政治、经济、国防意义，并经省、市、自治区统一规划确定，由全省（自治区、直辖市）公路主管部门负责修建、养护和管理。省道维护管理不如国道，而车流量又大于县道和乡村道，因此才成为了事故发生最多的行政等级公路。国道中跨省的高速公路

虽由交通部批准的专门机构负责修建、养护和管理，但由于小车繁多而容易造成较多交通事故，且大型货车容易发生死亡事故，所以国道的死亡率也较高。

1.2　道路交通事故内涵与外延

交通是指人们或人们借助某种运载手段，通过某种运动转移的方式，实现人或物的空间位置移动的社会活动过程，即各种运输活动的总称。交通给人类带来便利，在促进国民经济发展的同时，也带来了伴有人员伤亡和经济损失的交通事故，其中道路交通事故造成的人员伤亡与经济损失在全部交通事故中所占的比例超过80%，远大于其他交通方式。

1.2.1　交通事故的定义

《中华人民共和国道路交通安全法》对交通事故的定义如下：交通事故是指车辆在道路上因过错或意外造成的人身伤亡或财产损失的事件。交通事故不仅包括由特定的人员违反交通管理法规造成的事故，也包括由意外引发的，如地震、台风、山洪、雷击等不可抗拒的自然灾害而造成的事故。一般情况下构成交通事故需要具备以下六个基本要素。

1. 道路

道路是构成交通和交通事故的空间条件，没有道路就谈不上交通事故。《中华人民共和国道路交通安全法》规定：道路，是指公路、城市道路和虽在单位管辖范围内但允许社会机动车通行的地方，包括广场、公共停车场等用于公众通行的场所。这里确指的是公用的道路，不包括厂区、校园、矿区、庭院的非公用道路。

2. 车辆

车辆是造成交通事故的重要条件。如果造成损害的各当事人中任何一方都未驾驶车辆，比如行人与行人相撞就不能叫作交通事故。车辆是指由《中华人民共和国道路交通安全法》规定的机动车和非机动车。

3. 车辆在运行中

根据交通事故的定义，车辆必须是在运行过程中，车辆间发生碰撞或车辆与行人、固体物等发生碰撞，才能称为交通事故。如果行人碰撞处于停止状态的车辆、乘客从静止的车上跳下造成伤害等就不能称之为交通事故。

4. 发生状态

发生状态即发生碰撞、碾压、翻车、坠车、爆炸、失火等其中一种或一种以上的现象。如果未发生上述事态，而是由于行人或者乘客其他原因（如心脏病发作）造成的死亡，则不属于交通事故。

5. 造成事态的原因是人为或自然灾害引发的

造成事态的原因是人为或自然灾害引发的，指发生事态是由于事故当事者（肇事者）的违章或过错行为（与该起事故有必然因果关系的违章与过错或意外）或自然灾害所致。

6. 有损害后果

有损害后果即要有人、畜伤亡或车、物损坏的后果，没有损害后果不能称之为交通事故。但又不是所有的有损害后果的事件都是交通事故，如故意用人撞车制造车祸的就不能作为交通事故处理，而属于故意犯罪行为。

以上六个基本要素和一定的违法行为可作为鉴别是否属于交通事故的依据。

1.2.2 交通事故的形式

交通事故的形式是指交通参与者之间发生冲突或自身失控肇事时，所表现出的具体事态，基本上可分为碰撞、碾压、刮擦、翻车、坠车、爆炸、失火等 7 种。交通事故类型符号见《道路交通事故现场图形符号》(GB 11797—2005)中的相关规定。

1. 碰撞

碰撞是指相对而言的交通强者的正面部分与他方接触，主要以接触部位的相互冲击力造成损害。一般发生在车与车之间、车与人之间、车与物之间。机动车之间的碰撞主要有：正面碰撞、追尾碰撞、侧面碰撞。

2. 碾压

碾压是指作为交通强者的机动车对交通弱者如行人和自行车的推碾或压过，尽管在碾压之前大部分均有碰撞现象，习惯上仍称之为碾压。

3. 刮擦

刮擦是指相对而言的交通强者的侧面部分与他方接触，因接触部位的相互摩擦、勾刮现象造成损害，主要表现为车刮车、车刮物、车刮人。根据运动情况，机动车之间的刮擦分为会车刮擦、超车刮擦。

4. 翻车

翻车是指部分或全部车轮悬空、车身着地的现象。翻车一般分为侧翻和大翻两种，车辆的一侧轮胎离开地面称为侧翻，所有的车轮都离开地面称为大翻。为了准确地描述翻车过程和最后的静止状态，也可用 90°，180°，360° 和 720° 翻车等概念。

5. 坠车

坠车是指车辆跌落到与路面有一定高度差的路外，且车体有一个离开地面的运动过程，如坠落桥下、坠入山涧等。坠落分为直接坠落和间接坠落两种，其中，直接坠落是车辆直接由道路上驶出或滑出，间接坠落则是先翻后坠。

6. 爆炸

爆炸是指被带入车内的爆炸物因行车振动等原因引起的突爆事故。爆炸在交通事故中虽然甚少，可一旦发生后果就相当严重。

7. 失火

失火是指车辆在行驶过程中，由于某种人为的或技术上的原因而引起的火灾。常见的原因有乘员使用明火，违法直流供油，发动机回火，电路系统短路、漏电等。

交通事故发生的形式有的是单一的，有的是两种以上并存的。对于两种以上并存的情况，一般按其发生时间的先后顺序加以认定。如刮擦后翻车认定为刮擦，碰撞后失火认定为碰撞，也有按主要现象认定的，如碰撞后碾压认定为碾压。

1.2.3 交通事故的分类

对交通事故进行分类，目的在于分析、研究、预防和处理道路交通事故。根据分析角度、方法的不同，对道路交通事故的分类也不同，在我国目前的事故处理工作中，道路交通事故分类方法主要有以下六种。

1. 按事故现象分类

根据公安部《道路交通事故处理程序规定》，公安机关交通管理部门在处理交通事故时，事故按死亡、伤人和财产损失三种情形分类。

1）死亡事故

死亡事故是指仅有人员死亡或者既有人员死亡又有人员受伤和财产损失的交通事故。

2）伤人事故

伤人事故是指仅有人员受伤或者既有人员受伤又有财产损失的交通事故。

3）财产损失事故

财产损失事故指仅有财产损失的交通事故。

2. 按事故责任分类

根据交通事故主要责任方涉及的车种和人员的不同，在统计工作中常将交通事故分为三大类。

1）机动车事故

机动车事故是指在交通事故当事方中，机动车负主要以上责任的事故。但在机动车与非机动车或行人发生的事故中，机动车负同等责任的，也视为机动车事故。

2）非机动车事故

非机动车事故是指畜力车、三轮车、自行车等非机动车负主要以上责任的事故。在非机动车与行人发生的事故中，非机动车负同等责任的视为非机动车事故。

3）行人事故

行人事故是指行人负主要以上责任的事故。

3. 按事故后果分类

根据人身伤亡或财产损失的程度或数额，道路交通事故可分为四类。

1）轻微事故

轻微事故是指一次交通事故造成轻伤1~2人；机动车事故损失折款在1000元以下，非机动车事故损失折款在200元以下的事故。

2）一般事故

一般事故是指一次交通事故造成重伤1~2人；或轻伤3人及3人以上；或财产损失超过轻微事故标准而又不足3万元的事故。

3）重大事故

重大事故指一次交通事故造成死亡1~2人；或重伤3~10人；或财产损失3万元以上不足6万元的事故。

4）特大事故

特人事故是指一次交通事故造成死亡3人以上；或重伤11人以上；或死亡1人，同时重伤8人以上；或死亡2人，同时重伤5人以上；或财产损失6万元以上的事故。一次死亡30人及其以上或直接经济损失在500万元及其以上的事故又称为特别重大交通事故。

4. 按事故原因分类

根据原因不同，可以把交通事故分为主观原因造成的事故和客观原因造成的事故两大类。

1）主观原因造成的事故

主观原因是指造成交通事故的当事人本身内在的因素，如主观过失或有意违章，主要表现为违反规定、疏忽大意或操作不当等。

（1）违反规定是指当事人由于思想方面的原因，不按交通法规规定行驶或行走的行为，致使正常的道路交通秩序混乱，从而发生交通事故，如酒后开车、非驾驶员开车、超速行驶、争道抢行、违章超车、超载、非机动车走快车道和行人不走人行道等原因造成的交通事故。

（2）疏忽大意是指当事人由于心理或生理方面的原因，如心情烦躁、身体疲惫造成的精力分散、反应迟钝，表现出瞭望不周、采取措施不当或不及时，没能正确地观察和判断外界事物而造成的失误。也指当事人凭主观想象判断事物，或过高地估计自己的技术，引起行为不当而造成的事故。

（3）操作不当是指当事人由于技术生疏、经验不足，对车辆、道路情况不熟悉，遇到突发情况惊慌失措而引起的操作失误，如驾驶员制动时却踩下加速踏板，骑自行车人遇到紧急情况不知停车等。

2）客观原因造成的事故

客观原因是指引发交通事故的车辆、环境和道路方便的不利因素。目前，对于客观原因还没有很好的调查和测试手段，因此，在事故分析中往往忽视这些因素。这一点需要引起人们的重视。

5. 按事故对象分类

按事故的对象，可将交通事故分为五类。

1）车辆间的交通事故

车辆间的交通事故是指车辆之间发生刮擦、碰撞等而引起的事故。碰撞又可分为正面碰撞、追尾碰撞、侧面碰撞和转弯碰撞等；刮擦可分为超车刮擦、会车刮擦等。

2）车辆与行人的交通事故

车辆与行人的交通事故是指机动车对行人的碰撞、碾压和刮擦等事故，包括机动车闯入人行道及行人横穿道路时发生的交通事故。其中，碰撞和碾压常导致行人重伤、残疾或死亡；刮擦相对前两者所造成的后果一般比较轻，但有时也会造成严重后果。

3）机动车与非机动车的交通事故

由于我国的交通组成主要是混合交通，因而这类事故在我国主要表现为机动车碾压骑自行车人的事故。

4）车辆自身事故

车辆自身事故是指机动车没有发生碰撞、刮擦情况下由于自身原因导致的事故。例如，车辆由于行驶速度太快，或车辆在转弯及掉头时所发生的翻车事故；在桥上因大雾天气或因机器失灵而产生的机动车坠落的事故等。

5）车辆对固定物的事故

车辆对固定物的事故是指机动车与道路两侧的固定物相撞的事故。其中，固定物包括道路上的工程结构物、护栏、路肩上的灯杆、交通标志等。

6. 按事故发生地点分类

交通事故发生地点一般是指哪一级道路。在我国，公路可分为高速公路、一级公路、二级公路、三级公路和四级公路五个等级；城市道路可分为快速路、主干路、次干路和支路四个等级。另外，还可按在道路交叉口的路段所发生的交通事故来分类。

除了上述六种主要分类方法外，其他分类方法还有：按伤亡人员职业类型分类，按肇事者所属行业分类，按肇事驾驶员所持驾驶证种类、驾龄分类等。

1.2.4 交通事故的特点

交通事故具有随机性、突发性、频发性、社会性及不可逆性等特点。

1. 随机性

交通工具本身是一个系统，当它在交通系统中运行时则牵涉到一个更大的系统。在交通系统这样的动态大系统中，某个失误就可能引发一系列其他失误，从而引发危及整个系统的大事故，而这些失误在很多情况下是随机的。

道路交通事故往往是多种因素共同作用或相互引发的结果，其中有许多因素本身就是随机的(如天气因素)，而多种因素组合在一起或相互作用则具有更大的随机性，因此道路交通事故的发生必定带有极大的随机性。

2. 突发性

道路交通事故的发生通常并没有任何先兆，即具有突发性。驾驶员从感知到危险至交通事故发生的这段时间极为短暂，往往短于驾驶员的反应时间与采取相应措施所需的时间之和，或者即使事故发生前驾驶员有足够的反应时间，但由于驾驶员反应不正确、不准确而造成操作错误或不适宜，从而导致交通事故。

3. 频发性

由于汽车工业高速发展，车辆急剧增加，交通量增大，造成车辆与道路比例的严重失调。加之交通管理不善等原因，造成道路交通事故频繁，伤亡人数增多，道路交通事故已成为世界性的一大公害。因此，人们称道路交通事故为"无休止的交通战争"。

4. 社会性

道路交通是随着社会和经济的发展而发展的客观社会现象，是人们客观需要的一种社会活动，这种活动是人们日常生活和工作中必不可少的。道路交通事故是伴随着道路交通的发展而产生的一种现象，无论何时，只要有人参与交通，就存在涉及交通事故的危险性。道路交通随着社会的发展不断演变，从步行到马车，再到今天的汽车。这个过程不仅表明了人们对道路交通的追求意识和发展意识，也证明了道路交通事故是随着社会和经济的发展而发展的客观存在的社会现象。因此，道路交通事故具有社会性。

5. 不可逆性

道路交通事故的不可逆性是指其不可重现。事故是人、车和路组成的系统内部发展的产物，与该系统的变量有关，并受到一些外部因素的影响。尽管事故是人类行为的结果，但却不是人类行为的期望结果。

从行为学的观点看，社会上没有哪种行为与道路交通事故发生时的行为相类似，无论如何研究道路交通事故发生的机理和防治措施，也不能预测何时、何地、何人会发生何种事故。因此，道路交通事故是不可重现的，其过程是不可逆的。

1.3 道路交通安全研究

1.3.1 道路交通安全研究的本质

道路交通安全研究首先是针对道路交通事故进行调查、统计与分析，再对发生过程、结果进行模拟和预测等方面展开研究，总结出交通事故发生的总体规律和降低交通事故发生的具体方案、措施。

国外许多学者从广义的角度把道路交通安全、不安全因素统称为交通公害，包括交通事故、噪声、大气污染、振动、电磁波干扰、日照影响、环境污染等。

目前我国主要从交通参与者、车辆和道路等方面来研究道路交通安全，交通安全研究具有综合性应用研究的特征，涉及许多相关学科知识。随着现代科学技术的不断发展，应适时地丰富和完善交通安全研究的内容，包括工程技术（如机械工程、土木工程等方面）、信息处理技术、通信技术、材料科学、计算技术、力学、实验科学、预测科学、人体工程、医学、心理科学、系统工程、管理工程等领域。可见，道路交通安全研究就是对交通事故特征分布与事故成因进行综合分析，利用相关学科的有关知识，通过系统的研究提出预防对策，从而进一步改进交通安全管理体系和完善相关的技术措施。

1.3.2 道路交通安全研究的内容

1. 道路交通安全技术研究

道路交通安全技术研究强调的是综合性，包括人、车、路和环境等诸多方面的安全技术问题，一般均通过事故分析和相关对策进行研究。

1) 对人的研究

对人的研究既包括从防护的角度对交通参与者的心理和生理等各方面进行研究，也包括通过事故成因及事故特征分析，应用模拟及再现技术，寻求规律性的参数与结论。

2) 对车的研究

对车的研究包括车辆安全特性、主动与被动安全设施、车辆驾驶、碰撞、故障及仿真等。这些均要立足于事故成因分析的基础上，而所有试验设备及装置，以及有关测定方法和技术手段均属特殊条件和特殊要求制约下的应用技术研究。

3) 对路的研究

对路的研究包括路的适应性方面的几何条件、采光条件、安全防护、道路等级与功能划分、路面条件、附属工程条件等，而且，对公路和城市道路应分别进行系统研究。

4) 对环境的研究

对环境的研究包括气候、气象、降水、地形、地理、人文、街道化程度、路况、车型、车种混入率、交通干扰、专业运输、文化及职业特征等因素对交通安全的影响性研究。

5) 对事故分析与事故对策的研究

对事故分析包括事故成因、事故特征分布及事故分析技术等。事故对策则包括事故勘查技术、事故处理方法与事故对策技术研究等。

6）对交通安全实验的研究

交通安全实验研究包括各种模拟和仿真的特种装置、实验设计、实验观测、数据采集和处理及实验技术等。

2. 道路交通安全设施研究

道路交通安全设施研究内容主要包括道路安全设施，车辆安全设施，驾驶员与行人、残疾人交通安全设施，交通安全环境设施，交通安全训练，交通安全救援与救护等。

1）道路安全设施研究

道路安全设施分为永久性设施和临时性设施两类。永久性设施包括维护正常道路功能使用的各类防护设施，如防落石、防崩塌、防碰撞、防驶出、防进入、防超车、防超长、防超宽、限制、指路、诱导与禁止等。

临时性设施则是针对临时需要（如施工便线、临时故障及临时停车安全防护等）设计的，也有的是为了逐步过渡到规划的永久性安全设施的需要而设置的安全设施。

2）车辆安全设施研究

车辆安全设施一般是针对车辆故障预防或是保险、应急而研制的一种用户自己选择的车辆辅助设施，它是针对行驶中的紧急情况、车辆的突发故障保险及特殊地区和场合的需求而设计的。

3）驾驶员与行人、残疾人交通安全设施研究

这类设施是为驾驶员、行人、残疾人等各种不同的交通参与者提供的一种交通过程中的安全服务，具有使用选择性和选择自由性，均不属于强制性设施。

4）交通安全环境设施研究

交通安全环境设施研究主要研究安全设施系统所构成交通环境的整体安全性及其综合评价，它涉及研究方法、规范、标准、规则，以及交通参与者身体要素的交通安全适应性、心理要素的交通安全适应性、生理要素的交通安全适应性。

5）交通安全训练研究

交通安全训练研究是从各种技术和方法上，对驾驶员从学科、素质训练及缺陷校正等方面进行的研究，对交通参与者进行终身交通安全意识教育和安全宣传研究。

6）交通安全救援与救护研究

交通安全救援与救护研究包括交通安全救援与救护的方法、技术及装备，对解决"假死"救护和高速公路事故救援尤为重要。

3. 道路交通安全行政管理研究

研究内容包括道路交通安全管理机制、政策、勤务和技术行政管理信息系统等。

1）道路交通安全管理机制研究

道路交通安全管理机制研究内容包括条块关系、机动能力、通信手段、警力配备、技术装备、队伍素质训练及机构设置等。

2）道路交通安全管理政策研究

道路交通安全管理政策研究内容包括立法与执法、技术政策、规范与标准等。

3）道路交通安全管理勤务研究

道路交通安全管理勤务研究内容包括安全管理勤务模式、岗位规范、行为规范、装备标准等。

4）道路交通安全技术行政管理信息系统研究

研究内容具体包括方式、方法、格式、采集、处理、统计、存储、检索以及反馈制度等。

4. 与交通安全有关的其他技术研究

1）交通安全信息技术的综合研究

在交通安全领域里，人们期望能够有效地运用信息科技，许多国家一直在持续不断地利用信息技术来改变交通安全的一些领域。在实际工作中，虽然很难直接给出指标衡量交通安全领域信息技术能够起到多大作用，但可以肯定的是信息技术能够担负起许多重要任务，如一些领域里的紧急事件管理信息系统、先进车辆控制与安全系统等，在道路交通安全的实际应用领域（交通工程、交通执法、交通安全教育）中，均体现出信息科技的广泛应用前景。

2）交通安全管理信息系统研究

交通安全管理信息系统是实施交通安全管理的重要手段，确保交通安全信息流通的实时性、准确性，并将其他各类与交通安全有关的部门联系起来，共同开发并共享信息资料。这方面的研究主要包括各种交通管理信息联网方式、方法、格式、采集、处理、发布、统计、存贮、检索以及反馈制度等方面，向交通参与者提供信息服务，向安全管理部门提供决策依据。

3）交通安全经济学的研究

交通安全经济学是交通安全科学与经济学交叉的综合性科学，它是以经济学理论为主要基础、研究交通安全经济活动规律的一门科学。主要研究交通安全投资与社会经济发展速度的关系，把握和控制交通安全规模的发展方向和发展速度。研究交通事故的损失规律、对社会经济的影响规律、交通安全活动的效果规律以及交通安全经济的科学管理。

4）交通事故社会经济损失的研究

许多发达国家正在开始研究交通事故经济损失问题，目前对交通事故社会经济损失的评估已达到了较高的水平。主要包括事故损失量化指标体系的评定、事故损失的评估方法、事故损失科学统计等方面，特别是根据事故损失的间接性、潜在性等特征，研究科学的测算理论和方法，为掌握交通事故对社会经济的影响提供可靠依据。

5）交通事故预测方法的研究

交通事故预测是依据交通事故现状对未来可能发生的事故状况进行估计，分析未来事故的危险程度和发展趋势。根据数学理论和历史数据研究建立多指标体系（即考虑因素要尽可能全面）的数学模型，利用计算机处理技术，科学预测交通事故的未来状况，对交通安全管理部门进行科学决策提供参考依据，有利于制定预防交通事故的管理对策和技术措施。

1.3.3　道路交通安全研究的相关知识基础

道路交通安全研究是一项系统工程，涉及许多学科和领域，这就要求道路交通安全研究人员具有广泛的知识储备和坚实的理论基础。

道路交通安全研究，需要具备如下相关知识基础：道路工程、汽车工程、交通心理学、行为学、气象学、统计学及相应的计算机知识等。

1. 道路工程

为研究道路条件与安全的关系，应具备道路工程中有关几何线性、道路结构、路面、道路景观、交通信号、标志标线及安全设施等基础知识。

2. 汽车工程

为研究车辆的安全性,应具备汽车工程中有关汽车制动性、操作稳定性、汽车安全装置与结构及汽车安全监测设备等基础知识。

3. 交通心理学

交通心理学是一门应用科学,它把心理学的方法和原则应用于交通中的人。作为道路交通安全研究的基础知识,交通心理学着重研究交通中与人有关的领域,包括人与机器(驾驶员与车辆)的关系、人与环境(驾驶员与道路及标志)的关系和人与人(驾驶员与行人)之间的相互关系。

4. 行为学

汽车在道路上行驶时,从周围环境传来的信息对驾驶员的感觉器官产生刺激作用,并被接收、传送至大脑中枢。驾驶员经过思考、判断,作出决定后产生行为,即操纵汽车的行驶。应用行为学相关知识,研究驾驶员在行驶过程中的行为特征,进而提出预防措施,避免交通事故的发生。

5. 气象学

气候对行车安全有很大影响。据统计,恶劣天气下的交通事故率明显高于正常天气条件下的交通事故率。应用气象学有关知识,研究各类天气条件下的交通活动特点、注意事项和一些特殊的操作方法,可以降低恶劣天气对交通的不利影响,保障行车安全。

6. 统计学

为了预防和正确处理交通事故,必须客观、全面地认识交通事故现象。应用统计学的知识,对道路交通事故进行统计分析,查明交通事故总体的现状、发展动向以及各种影响因素对事故总体的作用和相互关系等,以便从宏观上定量地认识交通事故现象的本质和内在规律性。

7. 计算机知识

道路交通安全的管理、评价等是个复杂的系统,涉及大量的安全信息,包括与安全密切相关的道路信息和与道路相关的安全信息。为了道路安全技术研究的开展和道路安全管理,应建立包含道路信息和交通信息的道路安全信息系统数据库,这就需要相关人员具备相应的计算机知识。

复习与思考题

1. 我国道路交通事故多发的原因有哪些?

2. 交通事故的定义是什么? 试分析其有哪些构成要素。

3. 试简述交通安全定义及交通安全三要素。

4. 分析交通事故的预防对策。

5. 降低交通事故的主要措施是什么?

6. 交通事故在我国呈什么样的发展规律?

第2章 人与交通安全

2.1 驾驶员的生理、心理特征及可靠性

2.1.1 驾驶员的生理特征

生理特征是指人的各部分器官的功能,其中最重要的是视觉、听觉、平衡感觉、皮肤感觉、关节肌肉感觉等功能,它们直接反映驾驶员的驾驶能力。

1. 视觉

视觉指用眼睛辨认外界事物的能力。视觉是光线通过目击物折射在眼睛的透明介质上,再进入视网膜,并通过化学反应和电反应转换成神经刺激,传入大脑皮层,从而产生视觉。

1)视力

人的视力也叫视觉敏锐度(视敏度),是指分辨细小的或遥远的物体或物体细微部分的能力。在一定的条件下,眼睛能分辨的物体越小,视觉的敏锐度越大,视觉敏锐度的基本特征在于辨别两点之间距离的大小。

(1)静视力。静视力是指人和所看的目标都在不动状态下检查所得的视力。体检时用视力表测得的视力就是静视力。

(2)动视力。动视力是指人和所看的目标处于运动(其中一方运动或两方都运动)时检查所得的视力。动视力要比静视力低,且随行驶速度的变化和年龄的增长而发生变化。

(3)夜视力。在黑暗环境中的视力,称为夜视力。夜视力与亮度有密切的关系,亮度大视力强,在照度为 0.1~1000 m 的范围内,照度与视力呈线性关系,即照度减小,视力下降。

2)适应性

视觉对照明条件的变化不是瞬间就能适应的。眼睛在不同照度下的适应能力称为适应性。暗适应需 5~7 min,明适应过程较快,至多 1 min。

3)色觉

人的眼睛所能看见的一切物体都具有这样或那样的颜色。色觉能使我们的感觉更加鲜明和充实,对于经常遇到彩色信号的驾驶员来说,正常的色觉尤为重要。色觉异常分为色盲和色弱。色盲是指不能区分颜色,一概视为灰色,色弱是指不能区分某种颜色。

2. 听觉

驾驶员在驾驶时应能够确定声音发出的方位、种类和强度。听觉的正常辨别能力使驾驶

员能在噪声中听出危险信号声，从发动机和其他机件形成的声响辨别出它们的故障。在检查驾驶员身体时，要求其具备觉察警报声音的基本听力，这也是保证安全行车的重要因素。

3. 平衡感觉

前庭器官能够感受物体运动的速度和方向变化，同时也告诉人自身身体在空间的位置。这类感觉多产生于汽车制动、超车、侧滑和转弯的时侯。

4. 皮肤和关节肌肉的感觉

驾驶员在驾驶过程中随时都在控制操纵机构，用在这些装置上的力一定要与预想的操纵行为协调一致。例如，定点停车时必须根据车速和到达停车地点的距离来选择用于制动踏板上的相应压力。

2.1.2　驾驶员的心理特征

心理特征是指驾驶员的心理活动规律，驾驶员会受到环境条件及生理变化的影响，最终会反映在驾驶行为上。

1. 感觉

感觉是客观事物的个别属性作用于人们的感官在头脑中的反映。感觉是最简单的心理过程，人对客观事物的认识过程是从感觉开始的。例如眼睛从车窗看到车外各种物体的亮度和颜色，两手感受到方向盘的操作力量，右脚感受加速及制动状况，臀部感受汽车振动状况，耳朵听到发动机的响声，鼻子闻到各种气味等，这些都是感觉现象。

2. 知觉

知觉是比感觉更为复杂的认识形式。知觉是在感觉的基础上，对事物各种属性的综合反映。在实际生活中，人们都是以知觉的形式来直接反映客观事物。驾驶员的知觉受到个人对交通环境中各种事物的关心程度、欲望、经验、知识以及性格等的影响。

1）空间知觉

空间知觉包括对对象的大小、形状、距离、体积、方位等的知觉。空间知觉是通过多种感觉器官协同活动来实现的。

2）时间知觉

时间知觉是对客观事物运动和变化的延续和顺序性的反映。人们总是通过某种衡量时间的标准来反映时间。

3）运动知觉

人对物体在空间位移的知觉，称之为运动知觉。运动知觉和运动的速度以及空间知觉、时间知觉有密切的联系。

3. 错觉

错觉是指在观察外界事物时产生的不正确的知觉。

1）速度错觉

一般认为，汽车驾驶员不必看车速表，只凭对外界景物的观察及发动机声音和风声便可大体上判断出汽车的行驶速度。但最近的一些研究和试验表明，这种主观判断车速的方法有明显的倾向性，并不可靠。

行车过程中驾驶员大多是根据观察到的景物移动作参照物来估计车速的，并不是完全依靠车辆自身车速表的指示针来判断。路边景物多时易高估车速，景物少时易低估车速；长时间以某一速度行驶后会对该速度产生适应，对其余速度易于估错，特别是误将高速低估是非常危险的。

2）距离错觉

感知距离时主要靠视觉，而视觉容易产生图形错觉。比如垂直线和水平线的长度相等，但垂直线看起来好像长一些。对于路上各种类型的车辆，驾驶员有时会对来车的车长、会车间距、跟车距离产生错觉，导致会车的距离不够或与车的距离过近而导致事故的发生。常见的距离错觉有：同样距离，白天看起来近，而在夜间较昏暗时感觉远；前面是大车时感觉距离近，是小车时感觉距离远。

3）坡道错觉

长距离的坡道，特别是环境比较单调时，驾驶员常常觉得好像是在平路上行驶。若在下长坡接近坡底时，把在图 2-1（a）中的情景看作像图 2-1（b）那样，就会采取"加速冲坡"措施。

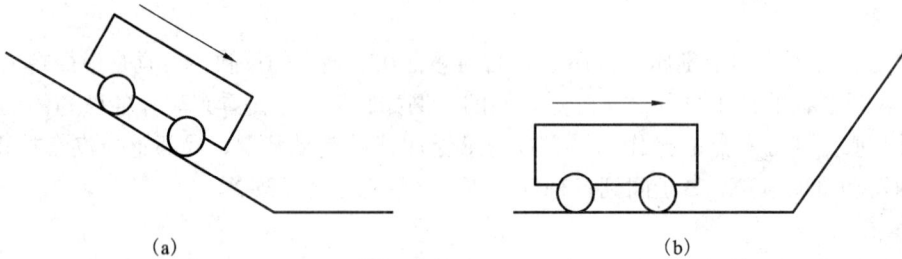

图 2-1　坡道错觉示意图

4）弯度错觉

驾驶员在公路上行驶的快慢，经常随公路的弯度而改变。变速的程度也会造成错觉。一般对于未超过半圆的圆弧，驾驶员往往感觉到的曲率半径总是比实际的小，圆弧的长度越短感到曲率半径越小。在连续转弯的山道上行驶，驾驶员会感到山区比平地容易转弯，但在实际行驶中高速连续急转弯是很危险的。

5）颜色错觉

在市区交通复杂路段，周围景物五颜六色，相互交错，容易分散驾驶员的注意力，特别是夜间，很容易将路口红绿灯当成霓虹灯，把停驶车辆的尾灯当成行驶车辆的尾灯，把前车的刹车灯错看成尾灯等。另外，夏季戴墨色太阳镜时易将浅色物体"滤"掉，从而产生错觉。

6）光线错觉

太阳光、反射物体的亮光、车头迎光、夜间远光灯强光等会使驾驶员的视觉一时难以适应，如平头车的明亮车窗、阳光下路旁树木交替变换的阴影、原野上积雪的反光、进出隧道时光线的变化等，都容易使驾驶员产生眩晕，形成光线错觉，从而引起操作失误。

4. 注意

注意就是人们心理活动对一定事物对象的指向和集中。指向，就是在某一瞬间将我们的心理活动有选择地指向于一定的对象，而同时离开其余的对象。集中，就是把我们的心理活动贯注于某一事物对象。

1）注意的种类

无意注意是事先没有预定目的，也不需要做意志努力的注意，主要是由事物的外部特点所引起的，如强烈的光线、一声巨响、一声尖叫、浓郁的气味、新奇的外形、万绿丛中一点红等。有意注意是有预定目的，必要时还要做一定意志努力的注意，主要是由于安全行车所必须的条件引起的。例如，必须注意交通信号和交通标志，注意车、马、行人的动态，转弯时注意对面来车等，这些都是有目的、有意识的注意。

2）注意的范围

注意的范围是指在同一时间内能清楚地把握对象的数量。一般人能同时把握的对象为4~6个。驾驶员应该有较大的注意范围，这样才能收集更多的信息，短时间内作出正确的判断。

3）注意的转移

注意的转移就是根据需要，把注意从一个对象转移到另一个对象上。

5. 情绪

情绪一般是指与人的生理需要相联系的态度体验，如防御反射、食物反射等无条件反射引起的高级、复杂的体验。人的情绪可以根据其发生的速度、强度和延续时间，分为激情、应激和心境等三种状态。

1）激情

激情是一种猛烈的、暴发性的、短暂的情绪状态。其心理活动特点是：认识范围变得狭窄，理智分析能力受到抑制，意识控制作用大大减弱，不能约束自己的行为，不能正确评价自己行为的意义和后果，以致说出不该说的话，做出不该做的事。对于不良激情想要加以控制，可采取转移注意力的方法，把能量消耗转移到别的事物上去。

2）应激

应激是在出乎意料的紧急情况下所引起的情绪状态。例如驾驶员在行车途中，突然发现有人横穿马路，或车子正在急转弯时，突然间闯出一辆没有鸣号的汽车，这时司机刹那间的反应就是应激。在这些突然出现的情况面前，驾驶员有时会呆若木鸡，不能及时避让或做出错误的反应。只有具备熟练的驾驶技能，良好的驾驶习惯，才会使驾驶员在紧急情况下有意识地做出正确的规避动作，从而避免事故的发生或减少事故的损失。

3）心境

心境是一种微弱而持久的情绪状态，心境对人的活动有很大影响。积极舒畅的心境，使人心情振奋，朝气蓬勃，勇于克服困难，提高工作效率。消极沮丧的心境使人萎靡不振，懒散无力，无精打采，陷于颓废。因此，驾驶员应当做到不带不良情绪开车，一切问题都要在进驾驶室之前基本解决。

6. 性格

性格是指一个人在个体生活过程中所形成的，对现实稳固的态度以及与之相适应的行为方式。性格是人的个性心理特征的一个重要方面，是一种决定个性总体的品质，不同性格的人处理同样问题的方式和效果会不一样。

2.1.3　驾驶员的可靠性

即便驾驶员的经验丰富,技术高超,都难免在某一重要关头出现缺乏自制力、动作不当或走神的情况。从概率的角度来看,每个驾驶员都有卷入交通事故的可能性。因此对驾驶员发生事故的原因做了如下分析。

1. 驾驶员信息处理过程失误的原因

国内外的研究表明,在道路交通事故中,因驾驶员的原因造成的事故占大多数,为80% ~ 85%,且主要集中于驾驶过程的信息感知阶段与分析判断阶段。

由驾驶员驾车时对信息处理的过程可知,信息处理过程中的信息感知阶段、分析判断阶段与操作反应阶段环环相扣。要使驾驶员在驾驶过程中做到安全驾驶,就必须保证其在上述三个阶段不产生任何失误,如果驾驶员在上述三个阶段的任何一个环节产生失误,都将可能引发道路交通事故。实际中的很多交通事故都是因驾驶员在此三个阶段中的某一个环节发生了失误所致。驾驶员在驾车过程的三个阶段其驾驶行为可能产生失误的内在原因如下。

1)信息感知阶段的失误形式及其内在原因

驾驶员在驾车过程因某种原因在信息感知阶段存在着出现失误的可能,其失误形式主要有感知错误、感知迟缓、感知遗漏三种。感知错误是指驾驶员在驾车过程中从道路环境感知到的刺激物信息在其大脑中产生的映像出现错误;感知迟缓是指驾驶员在驾车过程中因某种原因使其从道路环境感知信息的速度较正常情况下的平均速度明显要低;感知遗漏是指驾驶员在驾车过程中因某种原因其感知器官未能从外部道路环境感知到事实上客观存在的相应信息。

驾驶员在信息感知阶段发生感知错误、感知迟缓、感知遗漏三种失误形式的原因,就作为信息发生源的刺激物而言,可能存在着信息过于突然、过于隐蔽、刺激强度过弱等原因。就驾驶员自身而言,导致失误形式产生的原因主要有心理和生理两个方面。心理方面的原因表现为,注意力不集中,注意的范围过小,注意转移和分配能力差等;生理方面的原因表现为,感觉器官和大脑机能不正常,比如视觉障碍(色盲、近视)、酒精中毒、疲劳、患病等。心理和生理原因的共同特点都是使得感知器官和大脑反应变得迟钝,造成感知迟缓、遗漏乃至错误的原因。实际中,因驾驶员心理和生理方面的原因引起的感知错误、感知迟缓、感知遗漏等失误形式诱发的交通事故占主体。

2)分析判断阶段的失误形式及其内在原因

外部刺激物的信息被感知后,驾驶员将以安全驾驶为首要目标把感知到的信息与自己已有知识经验进行对照、分析,并结合实时的道路条件、所驾车辆的技术状况及驾驶目的综合思考,然后决定采取相应的措施,这一过程就是分析判断。驾驶员在此阶段的失误形式主要有判断迟缓、判断失误、主观臆想三种。判断迟缓是指驾驶员对感知到的信息进行分析判断花费的时间大大超出正常情况下所需要的时间;判断失误是指驾驶员对感知到的信息不知如何处理,犹豫不决或判断错误;主观臆想是指驾驶员存在侥幸心理,用自己的主观臆想去猜测他人的行为。

驾驶员在分析判断阶段发生判断迟缓、判断失误、主观臆想等失误形式产生的原因仍然为心理和生理两方面。主要由于驾驶员对外部刺激物的信息感知不全面、不准确,自身的安全驾驶知识、经验不丰富,存在侥幸心理,用自己的主观推测、想象对面来车、周围行人的行为。这一阶段失误形式的主要特点是分析过程存在明显缺陷导致判断不及时或不正确。

3）操作反应阶段的失误形式及其内在原因

以从外部刺激物感知的信息进行分析的结果为基础，驾驶员通过机体对驾驶车辆作出相应的操作行为，即手脚按大脑决策的指令对所驾驶汽车的运动状态实施进行加速、减速、制动、转向等具体操作控制。驾驶员在操作反应阶段的失误形式主要有操作失误、操作延缓两种。操作失误是指驾驶员的手脚之间的动作出现配合不当、配合不协调乃至在配合上出现错误等；操作延缓是指驾驶员对驾驶车辆的操作动作缓慢、不及时等。

引起驾驶员在操作反应阶段发生操作失误、操作延缓失误形式的原因有车辆本身原因和驾驶员自身的原因两类。车辆本身原因多由突发的机械故障引起，如转向系统、制动系统失灵导致相应操作失效，制动系统制动力不足导致制动过程延缓。驾驶员自身的原因仍然为心理和生理两方面，实际中这类失误形式多发生在初学驾驶员身上，主要原因是初学驾驶员驾驶技术不熟练、动作协调性差，遇到紧急情况时易手忙脚乱。最典型的例子就是有少数新手驾驶员遇到紧急情况时不知所措，甚至误将"加速"当"制动"，从而引发交通事故。

在实际的驾车活动中，驾驶员的信息感知、分析判断、操作反应三阶段之间是有机结合的，它们之间的相互关系是信息感知是分析判断的前提，为分析判断提供材料，是分析判断的源泉；分析判断为操作反应提供指令，操作反应是信息感知、分析判断的结果，是输出。与此同时，操作的结果又反馈到感觉器官，以便对操作进行修正、调整。

驾驶员在驾车过程的三个阶段因失误引发的交通事故主要由生理、心理方面的原因引起，与驾驶员的驾驶技术特别是对外界信息的感知水平及准确和及时地对感知信息进行分析判断的能力密切相关。要减少这一类交通事故的发生，应从驾驶技术方面着手着力改善与提高驾驶员的信息感知能力、分析判断能力及驾驶技能。在现实的道路交通实践中，许多道路交通事故的发生并非是完全因驾驶员的驾驶技术不佳引起的，驾驶员违章行车与不良的驾驶习惯往往也是引发道路交通事故的重要原因。

2. 违章驾驶产生的原因

1）交通违章与交通事故的关系

我国的交通违章现象大量存在，其中对交通的安全与畅通影响最大、关系最密切的是机动车驾驶员的违章。而机动车驾驶员的违章又以超速行驶、违章操作、违章超车、违章超载所占比例较大，以酒后开车、疲劳开车、超速行驶、强行超车所发生的事故的危害最为严重。

机动车驾驶员的交通违章给交通安全带来直接影响，这是因为机动车驾驶员的违章有着普遍性、复发性、功利性等特点。我国特定的道路交通条件，以及公民对安全、法规意识的不足，交通法制建设的不尽完善，驾驶员基本素质不够高等，使违章现象具有普遍性。由于驾驶员的不良习惯、侥幸心理、逆反心理等的影响，驾驶员的违章又有其复发性。在盲目追求"时间就是金钱"观念的支配下，驾驶员为求经济效益，不惜违反交通法规，赶速度、抢时间，以致影响交通安全，影响社会效益，这就是交通违章中的功利性。

违章是肇事的前兆，肇事是违章的结果。虽然违章并非就一定肇事，但违章与肇事有着直接的、必然的联系。在大量的交通事故中，驾驶员的有些违章虽然不是肇事的直接或主要原因，但由于其参与其中，使得事故成为可能或加剧了事故的危害程度。

2）驾驶员交通违章的成因分析

驾驶员的违章行为虽然有外在客观因素的影响，诸如公民交通法规意识普遍不高，交通法规不够完善，管理手段和管理设施跟不上实际的道路交通条件，处罚违章上的执法不够严肃等，但驾驶员的主观因素仍是诱发违章的主要原因。

（1）驾驶员违章在思想方面的原因。

①法制意识不强。在有些驾驶员的心目中，直接危害社会治安的行为才是违法行为，而对驾驶中的违章行为则没有丝毫的违法感，甚至对由违章肇事导致的人民生命、财物遭受的损伤、损失没有负疚感，没有认识到遵章守纪对于一个驾驶员来说同样也是一个严肃的法制问题。

②安全意识淡薄。不少驾驶员认为不良的驾驶行为不致影响交通安全，并在行车过程中放任自己的违章行为，对平常的安全行车教育态度冷漠，这种淡薄的交通意识必定会影响行车安全。

③价值观出现偏差。不少驾驶员为获取更多的利益，往往以违章行车作为实现利益的捷径，却看不到违章行车孕育着的危险与事故。

（2）驾驶员违章在心理方面的原因。

①侥幸心理。有些驾驶员自认为技术高明，不会发生交通事故，一旦违章没被处罚，就心存侥幸，长此以往，就很难意识到法规的存在与约束力。还有些驾驶员错误地认为一切损失均可由保险公司承担，有时还可以从中赚上一笔，这种侥幸心理一旦得到强化，违章行为便会无所顾忌。

②"关系"优势心理。部分驾驶员违章肇事后，关系网张开，找人说情，结果只是轻微处罚或不处罚，长此以往对于违章便有恃无恐。

③逆反心理。由于少数执法人员的素质不高，不能按章办事、以理服人，造成部分驾驶员心存不满，产生逆反对抗心理而有意违章。另外，在行车过程中，由于少数驾驶员不能文明礼貌开车，开"斗气车"，这种逆反报复心理的危害更为严重。

④贪图方便与省力。驾驶员以保存体力为目的而引发违章驾驶操作。

（3）驾驶员违章在生理上的原因。

驾驶员违章的生理表现主要有生理疾病、生理障碍、生理疲劳三个方面。生理疾病如视力的减弱，四肢由于关节炎等的影响活动不自如等。生理障碍如突发性的疾病，如心脏病等。生理疲劳，主要由于长时间连续行车，或从事强体力劳动等造成驾驶时打瞌睡或四肢无力、困乏等现象。以上几个方面，有些是驾驶员可以感知的，可以提前采取对策，有些是不能感知的，平时也应有所预防、进行检查，以便有备无患。

（4）操作技术的原因。

操作技术也是造成违章驾驶的一个重要因素。操作技术原因可以分为两个方面，一是在驾驶作业中驾驶员出现差错，如疏忽差错、时间差错、判断差错、操作差错、程序差错等，这些都是由于对不断变化的环境条件处理不当导致的；另一方面是对违章驾驶操作造成有利条件的一些客观因素，具体如下：

①交通工程设施、交通标志不完备，驾驶员只能凭自己的判断，按自己的意愿行车。

②道路交通环境对驾驶员违章驾驶有诱导作用。

③驾驶装置不符合人机工程学要求，造成驾驶操作不便而导致驾驶员违章操作等。

2.2　其他交通参与者的特征

2.2.1　行人的特征

1. 行人的交通特性

行人的交通特性是由行人的心理特征决定的，主要表现为以下特点。

(1)行人决定是否横穿道路的主要依据是自己与驶近的汽车间的距离。根据国外的调查，如果车速为 30 ~ 39 km/h，行人开始横穿道路时，与驶近的汽车平均距离为 45 m；当车速为 40 ~ 49 km/h 时，行人开始横穿道路时，与汽车的平均距离为 50 m。

行人横穿道路时的平均步行速度与年龄和性别有关。在一般情况下，13 ~ 19 岁行人的平均步行速度为 2.7 m/s，20 ~ 49 岁为 1.8 m/s，50 岁以上为 1.5 m/s。从整体来看，男性平均速度为 1.57 m/s，女性平均速度为 1.53 m/s。

(2)行人结伴而行时，在从众心理的支配下，往往互相以对方为依赖，忽视交通安全而导致事故。行人在横穿道路时，有 70% ~ 80% 是个人单独步行，其余 20% ~ 30% 是 2 ~ 3 人结伴步行。调查表明，3 人以上结伴步行比 1 人或 2 人同行的事故危险性大，由成人带领儿童或由同一单位的熟人构成的步行组合比其他步行组合危险性大。

(3)多数行人横过道路时，只注意一个方向的交通车辆，往往使自己闯入了驾驶员的行驶空间而导致交通事故。有时由于缺乏经验，顾此失彼，往往只顾躲避第一辆车而忽视了后面的车辆，或者不注意双向来往车辆而使自己处于双向车流相会的夹缝中，这些都极易导致行人事故。

根据日本的一项调查，行人不遵守交通规则随便乱穿道路时的心理活动如表 2 - 1 所示。

表 2 - 1　行人不遵守交通规则随便穿越道路时的心理活动

心理活动	所占比例/%	心理活动	所占比例/%
嫌麻烦	48.0	不知道附近有人行道	0.9
平时的习惯	22.0	到对面有急事	0.9
想走近路	16.5	汽车不敢撞人	8.4
路上汽车不多，没关系	1.8	其他	1.5

(4)行人的自由度大，与车辆行驶速度差距较大，在行人想走近路心理的支配下，往往会突然闯入驾驶员的行驶空间，特别是上、下班怕迟到、着急回家或有急事的行人，表现得更为突出。

(5)部分行人对汽车性能不甚了解，在"自我为中心"心理的支配下，错误地认为汽车是由人掌握的，所以汽车不敢撞人，也不会撞人，听到喇叭声或看到车辆临近也不避让，殊不知汽车常常会因失控而导致事故。此外，有的行人心不在焉，注意力分散或思想高度集中在其他事件上，边走边低头沉思，对过往车辆的行驶声、喇叭声听而不闻，对周围复杂的交通环境视而不见等都极易造成行人事故。

2. 不同行人的行为特征

1）儿童行人的行为特征

经研究，儿童作为行人，其行为特征表现为以下几个方面。

（1）儿童穿越道路时，不懂得观察和确认是否安全。在没有确认安全的情况下横穿道路是儿童行为的一大特征。成人在穿越道路时，注意观察和确认穿越时的安全并不困难，但儿童却很难做到，需要随着年龄和智力的增长逐渐学习。研究表明，1～4岁的儿童中，有60%以上的人在没有证实安全的情况下就横穿道路，5～8岁的儿童有30%左右。一般儿童到9～12岁，才能基本上达到和成人一样，能够对道路交通情况进行很好的观察和判断。交通量与行人平均确认安全次数的关系如图2-2所示。由图2-2可以看出，随着儿童年龄的增加，确认安全的次数增加，但与成年人还有一定的差距。

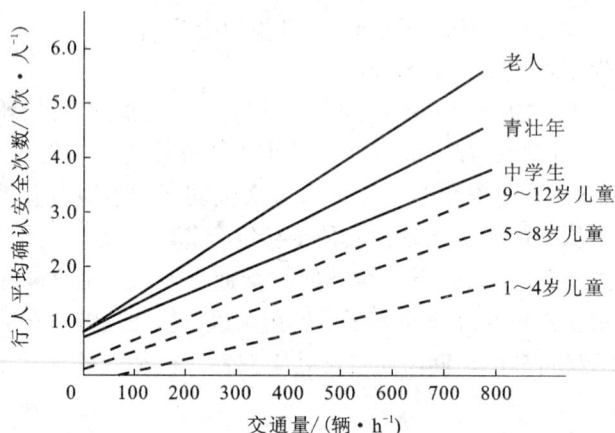

图2-2　交通量与行人平均确认安全次数关系

（2）儿童常常跑步穿越道路。在穿越道路时，儿童的心理负担比成人大，往往急于到达道路的另一侧而跑步穿越，这是很危险的。因为驾驶员很难预料步行中的儿童会在什么时候突然跑起来，如果驾驶员对此没有思想准备，就可能因来不及避让而发生交通事故。图2-3表示不同年龄、性别的儿童跑步横穿道路的比例。由图2-3可以看出，男孩跑步横穿道路的比例比女孩的高，特别是5～8岁的男孩所占比例较大，3人中就约有1人跑着穿越道路。

（3）有成人带领时，儿童对成人有依赖性，认为有成人保护便可任意行动，如果成人忽视了对儿童的照管，则容易造成交通事故。儿童和大人一起横穿道路时，违反交通法规的比例明显增加，由大人带领横穿道路不走人行横道和违反交通信号的比例较儿童单独行走时要高（图2-4）。

（4）儿童身体矮小，眼睛距地面高度低，视野比成人狭窄，对交通状况的观察受到限制。另一方面，儿童目标小，不易引起机动车辆驾驶员的注意，特别是当儿童前面有大人或有障碍物时，儿童难以看见交通状况，驾驶员也难以发现儿童，这对儿童的交通安全是很不利的。

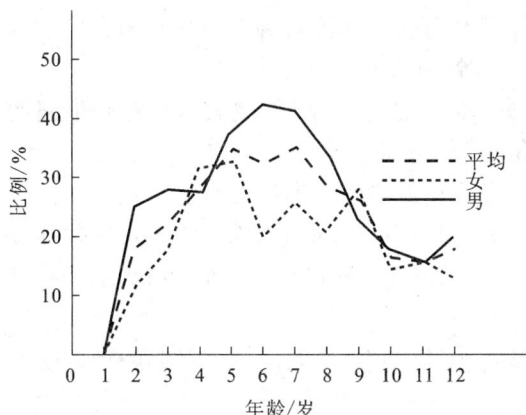

图 2 – 3 不同年龄的儿童跑步横穿道路的比例

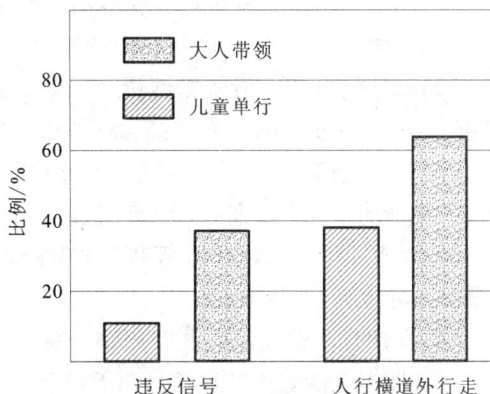

图 2 – 4 儿童横穿道路时的违章对比

(5)儿童经常在道路上玩耍。儿童和成年人使用道路的形式有时不同，成年人是为了到达道路的另一边时才去穿越道路，而儿童却常把道路当作可玩耍的地方，特别是在较偏僻的道路上，儿童更是毫无顾忌。经调查分析，美国被机动车撞死的 5 ~ 10 岁儿童中有 8.6% 是在道路上玩耍时被撞的。

2)老年行人的行为特征

(1)老年人生理机能衰退，感觉和行为都显得迟钝，发现和躲避车辆的能力下降。

(2)老年人对机动车辆的速度和距离判断的误差较大，有时会因判断不清而与机动车辆争道抢行。

(3)老年人交通安全意识低，往往认为老年人应受到照顾，汽车应该停下来让老年人先走。

(4)老年人喜欢穿深颜色的衣服，在夜间或傍晚时，不易被发现。

(5)老年人在横穿道路时，会发生突然折回的现象，这种情况常使驾驶员措手不及而造成交通事故。

据统计，老年人死于交通事故的，大多发生在横穿道路时。虽然老年人有以上的行为特征，但由于老年人比较谨慎，乱穿道路的行为不多。日本的一项分析表明，55 岁以上的老年人，在人行横道上等待穿越的时间平均为 29 s，比 13 ~ 19 岁的少年等待时间长 4 s，且老年人在等待时比较耐心。

3)青壮年行人的行为特征

青壮年人精力充沛、感觉敏锐、洞察力强、反应速度快、应变能力强，对交通法规也比较熟悉，一般不易发生行人交通事故。但出于青壮年人的社会工作和家庭负担较重，出行时间多，行走距离长，这就增加了发生交通事故的客观因素。特别是有些年青人，好胜心强，经常不甘示弱，常与汽车争高低，如对汽车鸣笛置之不理、对过往车辆视而不见、任意穿越道路等。因此，这些人发生交通事故多是在横穿道路和交通拥挤的时候，尤以强行拦车、强行搭车、偷扒汽车时发生的交通事故量最多。据统计，青壮年人在车祸中的死亡率，占交通事故总死亡人数的 30% 以上。

4）女性行人的行为特征

（1）女性一般较男性细心，观察周围交通环境比较仔细，规范行为的意识比较强，能自觉遵守交通规则。女性的这一心理特征比较有利于女性行人的自身安全。

（2）女性的反应一般较男性慢，行动比较迟缓。女性的这一特点，造成她们穿行道路的时间较长，事故发生的概率增高，对其步行安全很不利。

（3）女性情绪一般不如男性稳定，应变能力较差，属于非稳定型的交通参与者。女性行人在正常情况下，比较细心，也有耐心，能自觉遵守交通法规；但在危险紧急情况下，往往恐慌失措、手忙脚乱，有时中途停顿、进退两难，有时盲目乱跑、不知所措。女性行人的这一特征很容易导致自身受到伤害。

（4）女性喜欢穿比较艳丽的服饰，他们容易被驾驶员发现，从而避免不必要的行人交通事故。女性行人的这一特征，有利于自身安全。

以上列举了儿童行人、老年行人、青壮年行人和女性行人的行为特征，可以看出各自都有自己的特点。然而，即使同一年龄、同一性别的人因其个体差异的存在，往往也表现出不同的行为特征。个体差异表现为人的个性心理特征，主要包括行人的目的、动机、兴趣、能力、气质和性格等方面，是个人的心理、生理特性的综合，是人们先天具有的和后天获得的特征的综合。

2.2.2　骑行者的特征

1. 骑行者的交通心理特征

1）胆怯心理

骑车人由于会惧怕机动车，从而在骑行过程中容易产生胆怯心理。因为骑车人无驾驶室，属于交通弱者，在骑车过程中离机动车越近、机动车的速度越快，骑车人就会越害怕。同时，有些骑行者在骑行过程中，处于一种不稳定的蛇形运动状态，停车易倒，从而致使其处于一种惧怕的心理状态，造成精神高度紧张，越恐慌越摇晃，最后出现倒向机动车的可怕场面。胆怯心理多发生于初骑者、老人、妇女及少年。

2）侥幸心理

部分骑车人有时会过度地相信机动车驾驶员会遵守交通法律和法规行驶，因此骑车人有时会自由自在地随意骑行，对过往的车辆行驶声、鸣笛声听而不闻，对复杂的交通环境视而不见。还有些人明知机动车已临近身边，却还冒险继续骑行，甚至逼迫机动车驾驶员紧急制动避让。

3）超越心理

自行车轻巧、灵活、方便、省力，这对人们在一定时间赶到目的地极为有利，所以一般骑车人都有骑车抢时间、争先恐后的心理状态，特别是男青年，遇到前面自行车速度慢就超车抢道。

4）单干心理

有些骑行者不愿意与别人一起并排或多人聚集行驶，而是希望与其他骑行者保持必要的纵向、横向距离，从而导致骑车人各自独行、互不相让、穿档插空，甚至占据整个车道。另外，骑车人往往喜欢走捷径、闯红灯及抢绿灯等，从而影响行人、机动车的通行，危及交通安全。

2. 不同骑行者的行为特征

1）男性骑行者的行为特征

对自行车交通事故的研究表明，男性骑行者事故率高于女性，且男青年事故率最高。骑自行车的男青年的心理特征主要有排他性心理和逞强心理，表现为骑车时喜欢高速度、互不相让；出风头心理，表现为骑车撒把、搭肩并行。

2）女性骑行者的行为特征

女性骑行者的心理特征一般分为两类：第一类为胆怯型，胆小、害怕出事故，表现为骑车不稳，遇机动车易恐慌，躲躲闪闪，当遇到复杂情况时容易惊慌失措，处理不当；第二类为冒险型，心理状态是无所谓，表现为骑车时与机动车抢道，互不相让。

3）儿童骑行者的行为特征

儿童骑行者的心理特征是无意识，其具体行为表现为以下几点：

（1）行动冒失，由于骑车的经历短，骑车时不知道如何去避让行人和机动车辆。

（2）骑自行车追逐玩耍，由于骑自行车对少儿的诱惑力很大，兴趣很浓，往往注意力集中于骑车，而容易忽视其他机动车。

（3）缺乏交通安全常识，不懂交通法规，临危不能采取适当措施。

4）老年骑行者的行为特征

老年骑行者由于生理原因，反应较迟钝，容易受到惊吓，遇机动车时惊慌失措，精神过度紧张，容易因处理不当而发生事故。

2.3　交通安全教育

2.3.1　交通安全教育的重要性

交通安全教育是动员广大交通参与者遵守法规、维护交通安全的一项根本措施，是以交通安全为目的，以交通法规和安全知识为主要内容，采取各种手段和形式，对广大交通参与者进行宣传教育，以提高广大交通参与者遵守交通法规的自觉性以及交通道德水平，使之逐步具有现代交通意识。交通安全教育是交通管理存在和发展的根本保障，是维护社会整体交通权益的有效途径。

2.3.2　交通安全教育的内容、对象及形式

1. 交通安全教育的内容

交通安全教育的内容包括道路交通法规、道德、安全知识和交通心理的宣传教育。通过交通法规的宣传教育，可以使广大交通参与者了解在参与交通活动中可以做什么、不能做什么、必须做什么，并通过交通法规提供的标准，判断自己的行为是否合法。交通活动中仅靠交通法规来约束人们的交通行为是不够的，道德建设的加强有也助于交通法规的顺利实施，并使之达到更好的社会效果。因此，在进行安全教育工作时可以适当做一些科普节目使公众在日常观看中达到宣传效果。道路交通心理宣传教育的目的是告知人们道路交通心理知识，培养其心理素质和道路交通适应能力。

2. 交通安全教育的对象

教育对象应该是全体民众，而不能仅限于机动车驾驶员。交通安全意识的教育和培养无法速成，应从孩子抓起，并作为基础文化知识从校园抓起。将交通安全教育内容纳入义务教育之中，并终身进行，同时，还应加强各种应急策略的教育。

另外，应特别注重对21～40岁年龄段群体的安全教育，因为他们的交通出行和参与率高，并且其行为对下一代的影响较大，这就意味着他们的交通安全意识将在长时间内占据主导地位。

3. 交通安全教育的形式

交通安全教育包括学校教育与社会教育两种。通过提倡开展交通安全宣传"五进"活动（进学校、进社区、进单位、进乡村、进家庭），以点带面，形成气候，构成网络，借以产生社会化的交通安全宣传。

(1)宣传教育的主要形式有：①舆论、新闻媒体宣传。②办展览。③演讲竞赛等。

(2)宣传教育的策略和方法，主要包括：①进行专门理论教育。②情感启发。③将感性认识提高到理性认识。④情景模拟再现。⑤开展活动熏陶感染。⑥言传身教。⑦营造富于感染力的良好交通氛围。⑧自我教育。

复习与思考题

1. 驾驶员的不安全行为种类及表现是什么？
2. 试简述产生疲劳的原因及预防措施。
3. 饮酒对人的心理和驾驶行为的影响有哪些？
4. 试述行人的交通特性及其事故预防的对策。
5. 交通安全教育的主要内容是什么？
6. 研究交通行为有何意义？

第 3 章　汽车与交通安全

3.1　汽车的安全性能与交通安全

为保证行车安全,汽车必须具备良好的性能和完善的结构,并始终保持完好的技术状况。汽车的制动性能、加速性能、稳定性能等对其安全行驶的影响最为突出,应认真掌握并合理运用。

3.1.1　制动性

制动性是指汽车在最短的时间或距离内强制停车的效能,以及制动时不跑偏的能力。汽车肇事时,驾驶员出于对危险的本能反应,多数会采取紧急制动措施,结果使车轮制动器的制动力大于车轮与地面间的附着力,从而导致车轮抱死,沿汽车行驶方向滑移,并在路面上留下制动印迹(图 3 – 1)。

图 3 – 1　轮胎印记图

当汽车通过紧急制动由运动状态变为静止时,它所具有的动能将主要消耗在车轮与路面之间的摩擦上,考虑到道路坡度的影响,依据功能原理有:

$$\frac{1}{2}mv^2 = S\varphi mg\cos\theta + Smg\sin\theta$$

式中:m——汽车质量,kg;

$\quad\quad v$——制动印迹起点车速,m/s;

$\quad\quad S$——制动印长度,m;

$\quad\quad \varphi$——附着系数(表 3 – 1);

$\quad\quad \theta$——坡度角(上坡为正,下坡为负);

$\quad\quad g$——重力加速度,9.81 m/s^2。

表 3-1 附着系数表

路面		轮胎		
类型	状态	高压轮胎	低压轮胎	越野轮胎
沥青或混凝土路面	干燥	0.50 ~ 0.70	0.70 ~ 0.80	0.70 ~ 0.80
	潮湿	0.35 ~ 0.45	0.45 ~ 0.55	0.50 ~ 0.60
	污染	0.25 ~ 0.45	0.25 ~ 0.40	0.25 ~ 0.45
渣油路面	干燥	0.50 ~ 0.60	0.60 ~ 0.70	0.60 ~ 0.70
	潮湿	0.20 ~ 0.30	0.30 ~ 0.40	0.45 ~ 0.55
碎石路面	干燥	0.50 ~ 0.60	0.60 ~ 0.70	0.60 ~ 0.70
	潮湿	0.30 ~ 0.40	0.40 ~ 0.50	0.40 ~ 0.55
土路	干燥	0.40 ~ 0.50	0.50 ~ 0.60	0.50 ~ 0.60
	潮湿	0.20 ~ 0.40	0.30 ~ 0.45	0.35 ~ 0.50
	泥浆	0.15 ~ 0.25	0.15 ~ 0.25	0.20 ~ 0.30

由此可得到利用制动印长度判断车速的基本公式为:

$$v = \sqrt{2g(\varphi\cos\theta + \sin\theta)S}$$

如果道路坡度较小,且用百分数 i 表示坡度值,则有 $\cos\theta \approx 1$, $\sin\theta \approx \tan\theta \approx i$,于是上式可简化为:

$$v = \sqrt{2g(\varphi + i)S}$$

当道路为水平时,$\cos\theta = 1$,$\sin\theta = 0$,代入基本公式,并把该式的单位由 m/s 换算为 km/h,便可得到利用制动印长度判断车速的常用公式如下:

$$v = \sqrt{2g\varphi S} = 15.95\sqrt{\varphi S}$$

在制动过程中,由于从汽车开始减速到地面开始出现制动印迹的这段时间内,汽车的速度将有所降低,其数值与道路的附着系数以及汽车的制动力增长时间有关,因此实际车速总比计算值略高。

3.1.2 加速性

汽车起步时,由于受轮胎与地面间附着条件的限制,发动机的有效输出扭矩不可能全部用来加速,否则驱动轮将产生滑转,反而使车辆的加速度减小,因此产生加速度的最大驱动力只能等于附着力。设车辆的质量为 m(单位:kg),加速度为 a(单位:m/s²),车辆静止时后驱动轮上承受的车辆总重的百分比为 k,道路附着系数为 φ,重力加速度为 g。

根据牛顿第二定律有:

$$ma = \varphi kmg$$

由此可知车轮不产生滑转的最大加速度为:

$$a = \varphi kg$$

严格地讲,汽车在加速时后轮的载荷较静止时的大得多,但由于驱动力不仅用来使平移质量加速，还有一部分用来使旋转质量加速。因此，忽视载荷转移和惯性力偶矩所产生的误差将相互抵消，使由上式计算出来的 a 值比较符合实际。

3.1.3　稳定性

稳定性是指汽车抵抗倾覆和侧滑的能力。任何一辆汽车保持稳定行驶的能力都是有一定限度的，如果驾驶员对汽车的操作动作或道路条件使汽车的运动状态超出了其保持稳定行驶的限度，就会立刻失去平衡，发生侧滑或侧翻，引发交通事故。汽车的行驶稳定性包括纵向稳定性与横向稳定性等。

1. 汽车纵向稳定性

汽车纵向稳定性是指汽车上（或下）坡时抵抗绕后（或前）轴翻车的能力。汽车在有纵向坡度的道路上行驶，如匀速上坡时，随着道路坡度的增大，汽车前轮的法向反作用力不断减小。当坡度大到使汽车前轮的法向反作用力变为零时，汽车将失去稳定性而绕后轴翻转。汽车上坡时，坡度阻力随坡度的增大而增加，当坡度大到一定程度、克服坡度阻力所需的驱动力超过附着力时，驱动轮将滑转，使汽车失去行驶能力。这两种情况均使汽车的纵向稳定性遭到破坏。

目前，就道路建设而言，道路的实际纵向坡度均小于可能使汽车发生纵向翻转的临界坡度角，这就是说道路的实际纵向坡度不可能使汽车发生沿其纵向翻转，但实际中汽车的装载情况和行驶中的不当操作往往会导致汽车发生侧向翻车，如汽车装载密度较小而体积较大的高重心货物时，在下坡或转弯时实施紧急制动就很容易发生侧翻事故。越野汽车由于轴距较短、重心较高，轮胎又具有纵向防滑花纹而使附着系数较大，丧失纵向稳定性的风险较其他车型明显增大。对于经常行驶于坎坷不平路面的越野汽车，为提高行驶安全性应尽可能降低汽车重心。

2. 汽车横向稳定性

汽车横向稳定性是指汽车抵抗侧翻和侧滑的能力。汽车在曲线道路上行驶时因产生的离心力使前后车轮均受到侧向力作用，当车轮上的侧向反作用力达到车轮与路面间的附着极限时，汽车将会因车轮滑移而失去控制；与此同时，离心力还将引起内外两侧车轮法向反作用力的改变，如果内侧车轮上的法向反作用力降至零，汽车将发生横向侧翻。

汽车发生侧滑时，根据前后轮上侧向反作用力达到附着极限的顺序不同可分为跑偏和甩尾两种不同情况。跑偏的情况发生于前轮上的侧向反作用力先达到附着极限，此时，因前轮发生侧滑使汽车的横摆角速度减小，转向半径增大，汽车将被沿转向的外侧方向甩出，严重时汽车可能被甩出路外而导致交通事故。当后轮上的侧向反作用力先达到附着极限时，后轮将先于前轮向外侧方向发生侧滑，而使汽车的横摆角速度增大，转向半径减小，发生甩尾现象。由于此条件下转向半径减小，将使离心力进一步增大，离心力的进一步增大将加剧甩尾，严重时会使汽车打转甚至倾翻。

3.2　汽车的技术状况与交通安全

除了上述直接对汽车安全行驶产生重要影响的性能外，底盘部分的一些重要装置，如制动系统、转向系统、行驶系统以及车身等关键装置的结构、性能、技术状况也对行车安全具有重要影响。从保障交通安全的目标出发，对汽车制动系统、转向系统、行驶系统、车身等装置的基本要求是使其能保持良好的技术状态，避免故障发生，保障交通安全。

3.2.1　制动系统

1. 概述

汽车的制动系统是保证行车安全的关键结构。按照《机动车运行安全技术条件》（GB 7258—2012）的规定，各种类型的汽车都必须装有专门的制动机构，且通过驾驶员操纵就可产生制动作用。

1）制动系统的组成

汽车制动系统由制动器和制动传动机构两大部分组成。

（1）制动器。制动器是产生阻碍车辆运动或运动趋势的力（即制动力）的部件。目前，汽车上采用的制动器主要为摩擦式制动器，其结构形式有鼓式和盘式两种。鼓式制动器是利用不旋转的制动蹄与旋转的制动鼓两工作表面之间的摩擦作用产生摩擦力矩而对运动中的车轮实施制动；盘式制动器则是利用不旋转的制动钳与旋转的制动盘两工作表面之间的摩擦产生的摩擦力矩作用而对运动中的车轮产生制动效果。由于盘式制动器制动效能恒定性好，在强制动或反复制动时热衰退小，目前在轿车上获得了广泛应用。

（2）制动传动机构。制动传动机构是将驾驶员或其他能源的作用力传给制动器，用以控制制动器的工作，以使制动器产生所需要的制动力矩（即摩擦力矩）的部件总成。制动传动机构主要有液压驱动装置、气压驱动装置、气液综合式驱动装置等结构形式。

汽车制动系统工作的可靠性在很大程度上取决于制动器和制动传动机构的结构和性能。对于制动传动机构的基本要求是工作可靠，制动力矩的产生和撤除迅速及时，操纵轻便省力，制动力矩和踏板行程之间有合适的比例关系。

2）制动系统的分类

汽车制动系统按其作用可分为行车制动系统、驻车制动系统、应急制动系统、辅助制动系统四种。

（1）行车制动系统。行车制动系统是指用以使行驶中的汽车降低速度甚至停车的制动系统。该系统必须保证驾驶员在行车过程中能够控制行车安全并有效地减速和停车。行车制动必须是可控的，且须保证驾驶员在其座位上双手无须离开转向盘就能实现对行驶车辆的制动。

（2）驻车制动系统。驻车制动系统是指用以使停止行驶的汽车能停留在原地保持不动的制动系统。该系统应能使机动车即使在没有驾驶员的情况下也能稳定地停在上、下坡道上。该系统必须保证驾驶员在座位上就可以实现驻车制动。驻车制动器也称手制动器，一般采用机械驱动。

（3）应急制动系统。应急制动系统是指在行车制动系统失效的情况下，保证汽车仍能实现减速或停车的制动系统。应急制动应保证在行车制动只有一处管路失效的情况下能使汽车在规定的距离内停住。

（4）辅助制动系统。辅助制动系统是指在行车过程中能降低车速或保持车速稳定，但不能使在行车辆紧急停住的制动系统。在山区行驶的载货车必须装备辅助制动系统。

汽车制动系统按制动能量的传输方式分为机械式、液压式、气压式、电磁式等不同形式。同时采用两种及以上能量传输方式的制动系统称为组合式制动系统。

2. 汽车制动系统的常见故障类型与行车安全

1）汽车制动系统的常见故障类型

汽车制动系统的常见故障类型主要有制动失效、制动不灵、制动跑偏、制动拖滞。这几种故障现象及其特征如下：

（1）制动失效，即在汽车行驶过程中，驾驶员踩下制动踏板，汽车无制动迹象，不能迅速减速和停车。

（2）制动不灵，即在汽车行驶过程中，驾驶员将制动踏板踩到底，汽车不能立即减速和停车，并使制动距离明显增加。

（3）制动跑偏，即汽车在制动过程中，在转向盘居中且保持不动的情况下汽车自动向左或向右偏驶。

（4）制动拖滞，即驾驶员抬起制动踏板时，全部或个别车轮的制动作用不能解除或解除缓慢，致使汽车起步困难或行驶无力，制动器发热。

2）制动系统故障与行车安全的关系

（1）汽车制动系统的任何故障都直接影响制动效果，其具体表现为汽车制动时不能迅速减速和停车，汽车制动距离明显增加，汽车制动时偏离正常行驶的道路，制动作用不能迅速解除或解除缓慢从而影响下一次制动的效果。其中任何一种故障都将对行车安全构成直接威胁，轻则毁损车辆，重则引发车毁人亡的恶性交通事故。

（2）汽车制动系统的任何故障都直接对制动性能产生负面影响。其直接表现是使制动性能恶化，制动效果下降，如制动不灵则直接导致制动距离延长，在紧急情况下制动距离延长就可能不可避免地引发交通事故。

（3）汽车制动系统的故障多发生于行车过程中且带有突发性，而许多驾驶员往往又缺少相应的心理准备，一旦发生往往导致措手不及或操作不当，从而引发交通事故。

（4）汽车制动系统产生故障易对驾驶员心理构成压力，使驾驶员情绪发生突变，引发操作错误，从而引发交通事故。这在驾龄较短、驾驶经验缺乏、以前又从未碰到过此类故障的驾驶员的操作行为上表现得尤为明显。

对于广大驾驶员而言，为确保行车安全，首先要养成一个良好的习惯，在每次出车前认真检查汽车制动系统的基本状况，如发现异常情况要及时处置，切不可视而不见、置之不理；其次是在驾车过程中注意观察汽车制动系统的工作状况，一旦发现异常要立即停车查明原因，待问题得以处理后再继续行驶；最后是要加强学习，特别是多向专家和行内人士请教，以丰富自己的汽车专业知识和安全驾驶经验。

3.2.2 转向系统

1. 概述

一方面，因道路线形的非直线性，驾驶员需要根据道路线形和路面状况随时改变行驶方向；另一方面，即使在汽车直行过程中，前轮即转向轮也常常会因受到路面的干扰力自行偏转而改变行驶方向。为保证在汽车行驶过程中对行驶方向的可控性，现代汽车上都设置了专门的转向装置。汽车转向是指汽车在行驶过程中按照驾驶员的意志改变行驶方向的过程。对于轮式汽车而言，实现转向的方法是驾驶员通过转向系统使汽车转向轮相对汽车纵轴线偏转一定的角度。

汽车转向系统按转向能源的不同分为机械转向系统和动力转向系统两大类。

机械转向系统是以驾驶员施加于转向盘上的体力作为转向能源，其所有传力件都是机械的，通常由转向操纵机构、转向器和转向传动机构三大部分组成。

动力转向系统是兼用驾驶员的体力和发动机动力作为转向能源。在正常情况下，汽车转向所需的能源，绝大部分由发动机通过转向助力（也称转向加力）装置提供，只有一小部分由驾驶员提供，但在转向助力装置失效时，则由驾驶员独立承担转向任务。实际上，动力转向系统是在机械转向系统的基础上加设了一套转向助力装置而构成的。因此，动力转向系统的组成除了机械转向系统具有的转向操纵机构、转向器和转向传动机构三大部分外，还另外加装了一套转向助力装置。常用的转向助力装置大多为液压式，主要由动力转向泵、动力液压缸、转向控制阀、转向储油罐、油管等组成。采用动力转向系统可使操纵轻便、转向灵活，有利于提高行车安全性，目前在轿车、大型客车、重型载货汽车上获得了广泛应用。

在汽车转向系统中，转向盘在驾驶室内的安装位置与各国道路交通法规规定车辆是靠道路左侧通行还是靠道路右侧通行密切相关。包括我国在内的大多数国家规定车辆靠道路右侧通行，与之相对应，转向盘安置在驾驶室内左侧，这样的布置形式可使左方驾驶视野广阔，并有利于两车安全交会。相反，在一些规定车辆靠道路左侧通行的国家和地区，汽车转向盘则安置在汽车驾驶室内右侧。

2. 汽车转向系统的常见故障类型与行车安全

1）汽车转向系统的常见故障类型

汽车转向系统的常见故障类型主要有转向沉重、转向不灵敏、车辆发飘。这几种故障现象及其特征如下：

（1）转向沉重，即驾驶员在对汽车进行转向操作时，转动转向盘过程中感到沉重费力，甚至转向困难。

（2）转向不灵敏，即驾驶员对汽车进行转向操作时感觉空程量很大，需要用较大的幅度转动转向盘才能控制汽车的行驶方向，而汽车在直线行驶时又感到行驶不稳定。

（3）汽车发飘，即驾驶员在保持转向盘居中不动时，汽车前行过程中容易从一侧偏向另一侧。发飘的汽车在直线行驶时，难以保证向正前方行驶而往往容易向一边跑偏。

2）转向系统故障与行车安全的关系

上面所述汽车转向系统的三种故障中的任何一种都会对行车安全产生影响，这是因为这三种故障均通过影响转向操作效果继而对行车安全产生影响，只是相对制动系统而言没有那样直接而已。特别是汽车发飘故障，其直接结果是使驾驶员对汽车行驶方向的可控性降低，而驾驶员对汽车行驶方向可控性的降低则会使汽车在行驶过程中发生交通事故的风险大大增加。

此外，实际中有的驾驶员为了省油而在汽车下陡坡时将发动机熄火或是采用空挡滑行。虽然汽车下陡坡时发动机熄火或空挡滑行可以减少燃油消耗，但对汽车行车安全极其有害，其原因有两方面，具体如下：

一是很多在用汽车上都装有转向、离合、制动等助力装置，这些装置的共同特点是只有在发动机处于运转状态和有电状态下才能工作。一旦汽车处于长时间熄火空挡滑行状态，在发动机动力切断后这些助力装置会失去其工作动力能源，出现转向沉重、ABS 系统失效、离合器踏板变沉甚至失效等现象。尤其是汽车动力转向装置，在动力转向助力装置不起作用时，转向会变得非常沉重，如此时突遇紧急情况，由于动力转向丧失而极易引发交通事故。

二是对于气压制动系统而言，发动机熄火会造成贮气筒没有足够的压缩空气而可能导致制动失灵；与此同时，在发动机动力切断之后，气压制动助力系统也失去作用，当没有制动助力时，制动踏板亦会变得非常沉重，此时若驾驶员仍以原来的踏板力踩下时会使制动效果大打折扣，紧急情况下容易引发交通事故。

3.2.3 行驶系统

1. 概述

汽车行驶系统的基本组成和结构形式在很大程度上取决于汽车经常行驶路面的性质。由于绝大多数汽车都是行驶在比较坚实的道路上，其行驶系统中与路面接触的部分是车轮，这一形式对应的行驶系统称为轮式行驶系统，其对应的汽车称为轮式汽车。目前，轮式汽车占绝对主体，除此之外，还有全履式、半履带式、车轮 – 履带式等形式。

轮式汽车行驶系统一般由车架、车桥、车轮和悬架组成。汽车行驶系统技术状况的好坏不仅影响汽车的操纵稳定性、乘坐舒适性，而且和制动系统、转向系统一样直接影响着行车安全。

在汽车行驶系统中，汽车前轮定位状况的恶化对行车安全具有明显影响。汽车前轮定位是指汽车前轮、转向主销和前轴三者之间的安装所具有的相对位置关系，包括主销后倾、主销内倾、车轮外倾和车轮前束。前轮定位的功用是使汽车具有稳定的直线行驶能力和自动回正作用，使转向轻便，减少汽车在行驶过程中轮胎和转向机件的磨损。如果汽车前轮定位失准，除了加快轮胎和转向机件的磨损外，还会使自动回正作用降低，当遇到外界干扰时，将使转向轮左右偏摆，行驶方向可控性变差，从而诱发交通事故。

此外，车轮平衡状况也影响着行车安全。特别是对于高速行驶的车辆，若车轮平衡状况遭破坏即处于不平衡状态，其直接结果是引起车轮的跳动和摆振。这种情况除了使汽车行驶平顺性和操作稳定性变差外，还会使行驶方向可控性变差从而影响行驶安全性。

2. 汽车行驶系统的常见故障类型与行车安全

1) 汽车行驶系统的常见故障类型

汽车行驶系统的常见故障类型主要有行驶跑偏、前轮定位失准、车轮不平衡、行驶轮胎爆胎。这几种故障现象及其特征如下：

(1) 行驶跑偏，即汽车在行驶过程中，在驾驶员无转向操作意图的条件下，汽车不能保持直线行驶，而自动偏向道路一侧。

（2）前轮定位失准，即汽车的主销后倾、主销内倾、车轮外倾和车轮前束等定位参数的实际数值偏离了该车技术条件规定的设计值即设计基准。汽车前轮定位值的大小是根据汽车的设计要求确定的，不同的车型其值有所不同。

（3）车轮不平衡，即汽车车轮的平衡状况超过了允许的许可值范围。

（4）行驶轮胎爆胎，即汽车在行驶过程中轮胎突然爆裂，气压丧失，失去承载能力。爆胎通常由三个原因引起：气压不足、气压过度、轮胎突然被扎破或受到猛烈撞击。

2）行驶系统故障与行车安全的关系

行驶系统故障的共同特点是使驾驶员对车辆行驶过程中的方向可控性变差，而行驶方向可控性的变差对行车安全的危害是十分严重的。特别需要指出的是轮胎爆裂现象，轻则会使车辆失去正常的行驶状态，转向盘失去控制，车辆偏驶；重则将会出现车辆完全失去控制、发生甩尾或掉头现象。如果爆胎发生在高速行驶状态下，极有可能导致车毁人亡的惨剧。

3.2.4 汽车车身

汽车车身是指安装在汽车底盘上各种特种箱形构件和覆盖件的总称。其主要作用是：为驾驶员提供便利的工作环境；为乘员提供安全舒适的乘坐环境和活动场所，保护他们免受汽车行驶时的振动、噪声、废气的侵袭以及外界恶劣气候的影响；为运载的货物提供合适的运载空间，装卸方便；为发动机和底盘部件提供必要的覆盖、隔离和保护。随着汽车车速的提高和汽车保有量的增加，汽车碰撞的严重性和危害性正日益加剧，这将给驾乘人员的人身安全带来极大威胁。因此，对于汽车车身而言，除了载客、载货的重要功能外，还应有助于行车安全，在交通事故不可避免地发生时能够最大限度地保护乘员免遭交通伤害，减轻事故后果。

汽车车身结构按承受负荷方式的不同，可分为承载式、非承载式和半承载式三种类型。

承载式车身也称无车架式车身，其特点是车身和底架共同组成了车身本体的刚性空间结构，承受全部载荷。由于没有刚性车架，相应加强了车头、侧围、车尾、底板等部位，这种车身结构除了其固有的乘载功能外，还要直接承受各种负荷。这种形式的车身具有较大的抗弯曲和抗扭转刚度，自身质量轻、高度低，汽车质心低，装配简单，高速行驶稳定性较好，但由于道路负载会通过悬架装置直接传给车身本体，因此噪声和振动比较大。

非承载式车身又称有车架式车身，车身本体悬置于车架上，用弹性元件连接。车架的振动通过弹性元件传到车身上，使得大部分振动被减弱或消除，发生碰撞时车架能吸收大部分冲击能量，可提高乘员的安全性。在坏路上行驶时车架对车身起保护作用，车厢变形小，平稳性和安全性好，且厢内噪声比较低。但这种车身质量大，汽车质心高，高速行驶稳定性较差。

介于承载式车身和非承载式车身之间的车身结构被称为半承载式车身，也称为底架承载式车身。这种形式实质上是一种无车架的承载式车身结构，故人们通常也将此类形式归于承载式车身类。其车身本体与底架用焊接法或螺栓刚性连接，加强了部分车身底架而起到一部分车架的作用，发动机和悬架均安装在车身底架上，车身与底架成为一体而承受载荷。

上述几种车身各有优缺点，分别使用在不同用途的汽车上。一般而言，非承载式车身多用于载货车、客车和越野车上，而承载式车身一般用在轿车上，现在一些客车也采用这种形式。

现代轿车大都采用碰撞吸能强的承载式车身结构，舍弃了沉重的钢梁与车壳，一旦发生碰撞事故，车身以溃缩的方式消解外力，从而有效地降低所造成的破坏。与传统的刚性非承载式车身（大梁）相比，现代轿车在发生碰撞事故后是以车身的变形充分吸收碰撞造成的能量，从而达到最大限度地保护驾乘人员安全的目的。

对采用碰撞吸能强的承载式车身的轿车而言，当交通事故不可避免地发生后，对其车身的修复技术和修复后的安全性能保障均有较高要求。这是因为，车身修复质量不高的车辆在特定驾驶环境（如高速行驶过程中紧急制动、超车、急转弯、超重等）下，极易发生紧固件、连接件的断裂或安全性能达不到预期效果等情况，易导致再次发生重大恶性事故；同时还易导致相关零配件的异常磨损、提前报废等不必要的经济损失。根据公安部门的不完全统计，有 30% ~40% 的重大交通事故是与车辆安全性能质量有关，而其中许多恶性事故则是由于车辆前次修复质量不合格造成的。因此，对于重大事故车辆的修复质量，车辆所有者及使用者必须予以高度重视。

3.3 汽车的安全结构与交通安全

汽车的安全结构包含两个方面：一是主动式安全结构，即防止事故的发生；二是被动式安全结构，即事故发生后的乘员保护。现代汽车上一般都同时设有预防交通事故的安全结构和减轻事故损害的安全结构，这对于保证车辆运行安全有着重要意义。

3.3.1 主动安全结构

汽车主动安全结构又称积极安全结构，它是汽车上为避免发生交通事故的各种技术措施的统称，目的是防止事故的发生。

汽车主动安全结构旨在提高汽车的安全性能，以确保行驶安全。主动安全包括行驶安全、环境安全、感觉安全和操作安全等几个方面。

行驶安全来自车辆悬架、转向、制动的协调和整车设计制造，它反映了汽车的最佳动态性能，同时要求汽车上与行驶安全有关的系统要有很高的可靠性。比如为提高制动系统的可靠性，引入了"多余技术"，即制动系统必须是双回路设置。

环境安全特指汽车乘员的"小环境"的安全。它应能够把汽车行驶的噪声、振动和各种气候条件给予汽车乘员尤其是驾驶员的心理压力降至最低，即尽可能提高乘员的舒适性，以降低疲劳，使驾驶员心情舒畅地安全行驶。

感觉安全可以确保驾驶员得到必需的驾驶信息。提高感觉安全的技术措施有：尽可能大的直接、间接和夜间视野，仪表和警告灯信息的视觉辨认性良好，优良的配光特性、照度和照明设备等。

操作安全指的是优化设计驾驶员的工作条件，使驾驶操作方便，如此可以降低驾驶员工作时的紧张感，从而提高运行安全。

预防交通事故的安全结构有以下几种。

1. 驾驶视野

汽车的驾驶视野就是驾驶员驾驶汽车时的视野，它和驾驶员的视野的差别在于受到驾驶室结构的限制，一般情况下汽车的驾驶视野比驾驶员的视野小。汽车的驾驶视野可分为前方视区、侧方视区和后方视区。前方视区是通过前挡风玻璃所能看到的区域，侧方视区是通过两侧门窗玻璃看到的区域，后方视区是通过后视镜间接看到的后方区域。汽车在行驶过程中，80%以上的交通信息是依靠人的视觉获取的，所以汽车本身结构形成的驾驶视野是否充分，对交通安全有着十分重要的影响。现代汽车一般都采用全景玻璃作为前挡风玻璃，这种结构可以扩大前方驾驶视野，减少玻璃窗框造成的视线盲区，同时还装有雨刮器、除霜器、遮阳板等附加装置，以保证不同情况下的良好视野。这些对行车安全都有很大的帮助。

2. 工作环境

驾驶员有时会长时间在驾驶室里，因此驾驶室内的环境应让驾驶员感到舒适，温度、湿度适当，噪声符合国家标准，有必要的活动空间，只有这样才有利于减轻和消除驾驶疲劳，使驾驶员保持良好的情绪状态，从而保证行车安全。

3. 照明装置

夜间行车照明主要靠前照灯。现代汽车的前照灯设计有远光和近光两种光学系统。当对面没有来车时，使用前照灯的远光系统照明，保证汽车前方有足够的照明距离和照度，一般要求汽车前方距离不小于 100 m、高度至少在 2～2.5 m 的空间范围内均能得到良好的照明。当对面有来车时，使用前照灯的近光系统照明，以防止使对面来车驾驶员眩目，并保证本车驾驶员有足够的视距，保证照明距离一般不小于 40 m。

4. 信号装置

汽车上的信号显示装置用来向驾驶员及周围的其他交通参与者通告车辆状态，起提示和警告作用，以保证行车安全。信号显示装置的种类和数量较多，其中以视觉信息最多，如汽车的制动信号灯、尾灯、转向指示灯和各种报警灯等。听觉信息较少，主要有汽车喇叭及其他声响报警装置。

5. 控制装置

汽车的电子控制装置由复杂精密的电子元器件、集成电路和自动执行装置组成，并且越来越多地使用计算机集成控制系统，使汽车的所有工况（发动机和底盘）都在电子控制装置的监控下运行，使汽车处于最佳运行状态，并有效保证行车安全。

3.3.2 被动安全结构

随着科学技术的发展，汽车主动安全技术将在道路交通安全中起到越来越大的作用。尽管如此，仍然会不可避免地发生意外事故，此时，汽车被动安全技术将是减轻人员受伤和财产损失的唯一保障。

汽车被动安全是指发生事故后，汽车本身减轻人员受伤和货物受损的性能，即汽车发生意外的碰撞事故时，如何对驾驶员、乘员及货物进行保护，尽量减少其所受的伤害和损坏。通常减轻车内乘员受伤和货物受损的性能称为内部被动安全性；减轻对事故所涉及的其他人员和车辆损伤的性能称为外部被动安全性。提高汽车的被动安全性，可以从以下两个方面采取对策：

首先，提高汽车结构的安全性，即使汽车碰撞部位的塑性变形尽量大，吸收较多的碰撞能量，降低汽车减速度的峰值，尽量减缓一次碰撞的强度；使汽车驾驶室及车厢有足够的强度和刚度，确保汽车乘员的生存空间，并保证发生事故后乘员能够顺利逃脱。

其次，使用车内保护系统，即使用安全带、安全气囊等保护装置对驾驶员及乘员加以保护，通过安全带的拉伸变形和气囊的排气节流阻尼吸收乘员的动能，使猛烈的二次碰撞得以缓冲，以达到保护驾驶员和乘员的目的。

减轻事故损害的安全结构有以下几种。

1. 减轻行人伤害的结构

为了减轻被撞行人的伤害程度，在汽车上可采用以下结构措施：①使保险杠及发动机罩的结构和材料均具有一定弹性；②在发动机罩上部及前挡风玻璃周围布置柔性材料；③在汽车前部设置防止行人跌下路面的救护网等装置。为了防止行人及骑自行车人卷入汽车后轮，在大型货车前、后轮间安装防护栅，以及在汽车与挂车间安装防护栅等安全装置也是很有必要的。

2. 减轻乘员伤害的结构

当汽车与固定物体碰撞时，接触部位附近的车身会发生变形，汽车产生非常大的减速度，以至于在数十至数百微秒的瞬间内停止运动。此时，车内乘员在惯性力作用下，仍以原有速度相对汽车向前运动，最后撞在车内方向盘、仪表板、挡风玻璃等结构物上。

二次撞碰：汽车撞在固定物体上称为第一次碰撞，乘员撞在车内结构物上称为第二次碰撞。车内乘员的伤害程度取决于第二次碰撞的程度。第二次的碰撞速度越大，伤害越严重。当汽车发生其他类型的碰撞事故时，乘员的伤害情况与此类似。

车身变形：除二次碰撞造成乘员伤害外，若事故导致车身变形过大，还可能因危及车内乘员的生存空间，而使乘员受到伤害。为减轻车内乘员在汽车碰撞事故中的伤害，还应从保护乘员生存空间方面着手考虑。

3. 防止碰撞起火的结构

汽车碰撞起火，大都是因燃油箱被撞破漏油，被电气设备短路发生的火花或车辆撞击发生的火花点燃而引起的。为了防止燃油箱被撞破漏油，轿车通常把燃油箱布置在后轴上方，因此处可受到左右两轮的保护，所以比较安全。对于像我国这样采用右侧通行制度的国家，载货车的油箱布置在右侧较好，因为会车时左侧容易碰接。

为了防止火灾蔓延，车身的内衬应有良好的阻燃性能，在大型客车上还应设置安全门，以便发生火灾时，乘员能迅速撤离。

3.4 车速与交通安全

在交通事故救援通报中，往往会频繁出现车速过快、刹车不及、避让不及等字眼，车速过快会从以下几个方面影响交通的安全。

1. 驾驶员视觉变差

汽车高速行驶时，驾驶员的动视力下降，看不清远处物体的细节。车速越快，驾驶员的视野变小，注意力随之被引向景象的中心而置两侧于不顾，易使视线形成一个类似隧洞的现象。驾驶员视角变狭窄时信息收集量也变低，车辆两侧的道路交通状况容易被驾驶员忽略，致使发生事故的概率大大增加。

2. 驾驶员易疲劳

高速行车时，要求驾驶员在短时间内对各种情况作出正确判断，驾驶员必须高度集中注意力，其精神经常处于紧张状态，心跳加快。据国外资料介绍，当汽车行驶速度为 100 km/h 时，驾驶员的心跳次数比车速 80 km/h 增加 20%，驾驶员也更易于疲劳。

3. 驾驶员的反应距离延长

车速越高，反应距离延长，如车速从 50 km/h 提高到 100 km/h，反应距离将从 13.89 m 增至 27.78 m，故一些高速行驶的车辆往往还没来得及采取措施便撞到了一起。

4. 汽车的制动停车距离增大

随着车速的提高，胎面橡胶往往来不及与路面微观凹凸构成完全啮合，加之轮胎与路面间的相对滑移速度增大，接触面温度升高，所以附着系数有所降低，对车辆的减速能力也相应减弱。高速行驶时，汽车的动能增加，在同样的制动强度下，要使汽车降低车速，需更长的时间来消耗这些能量。制动器使用时间越长，温度越高，常常会引起热衰退现象，制动器的摩擦因数下降，制动停车距离延长。

5. 汽车的操纵稳定性变差

车速增加时，汽车转向离心力增大。离心力与车速的平方成正比关系。同一辆汽车，转弯半径相同，车速增加 2 倍，离心力就增加 4 倍；车速增加 3 倍，离心力就要增加 9 倍。在急剧增加的离心力作用下，汽车的横向稳定性下降，汽车有可能发生侧滑或侧翻现象。同时汽车的操纵稳定性变差，部分汽车在低速时呈不足转向，但在高速行驶状态下，汽车有可能变为过度转向。BJ-212 A 型汽车在潮湿的沥青路上转弯行驶时，若向心加速度小于 $0.6g$，汽车呈不足转向；而随着车速的提高，当向心加速度大于 $0.6g$ 后，则变为过度转向。高速行驶的汽车，还会受到空气力和空气力矩的作用，其中空气升力的作用与速度的平方成正比关系，它将减少前后轴的载荷量。前轴载荷的减少将使驾驶员感到方向盘效率下降，后轴载荷的减少则使转弯力(侧偏力)减小，车速越高驾驶员越感到"发飘"就是这个道理。

6. 机件易于损坏

对于许多国产车而言，持续高速行驶会使发动机、传动系、车轮轮胎等负荷加重，各部件间磨损加剧，安全性能下降，引起失控或抛锚，容易在行驶过程中出现意外状况，致使其他车辆措手不及而发生碰撞。

交警提示，行车时虽然要严防超速，但是也不能一味低速行驶，这同样会引发危险，因为这会严重影响正常行驶的车辆，并大幅增加被追尾的风险。最安全的办法是随大流，就是跟随车流，保持比较一致的速度，减少超车和被超车的情况。这样，发生车辆碰撞事故的概率会大幅降低。

3.5　智慧型汽车概述

3.5.1　谷歌无人驾驶汽车

1. 谷歌无人驾驶汽车简介

Google Driverless Car 是谷歌公司的 GoogleX 实验室研发中的全自动驾驶汽车，不需要驾驶者就能启动、行驶以及停止，目前正在测试中，该项目由 Google 街景的共同发明人塞巴斯蒂安·特龙(Sebastian Thrun)领导。谷歌的工程人员使用 7 辆试验车，其中 6 辆是丰田普锐斯，一辆是奥迪 TT。这些车在加州几条道路上进行测试，其中包括旧金山湾区的九曲花街。这些车辆使用照相机、雷达感应器和激光测距机来"看"其他的交通状况，并且使用详细的地图为前方的道路导航。谷歌公司称，这些车辆比有人驾驶的车更安全，因为它们能更迅速、有效地作出反应。然而，在所有的测试中，都会有人坐在驾驶座上以便于必要时可以随时控制车辆。2012 年 4 月 1 日，谷歌公司展示了它们使用自动驾驶技术的赛车，命名为 10^{100}(10 的 100 次方，也就是 googol，Google 这个单词的词源)。2012 年 5 月 8 日，在美国内华达州允许无人驾驶汽车上路 3 个月后，机动车驾驶管理处(department of motor vehicles)为谷歌公司的无人驾驶汽车颁发了一张合法车牌。为了达到醒目的目的，无人驾驶汽车的车牌用的是红色。

2. 谷歌无人驾驶汽车的原理及特点

无人驾驶汽车车顶上的扫描器发射 64 束激光射线，激光碰到车辆周围的物体时，便会反射回来，这样就计算出了物体的距离。另一套在底部的系统测量出车辆在三个方向上的加速度、角速度等数据，然后再结合 GPS 数据计算出车辆的位置。所有这些数据与车载摄像机捕获的图像一起输入计算机，计算机再以极高的速度处理这些数据，这样，系统就可以非常迅速地作出判断。

目前谷歌无人驾驶汽车已经行驶超过 30 万英里。技术人员表示，谷歌无人驾驶汽车通过摄像机、雷达传感器和激光测距仪来"看到"其他车辆，并使用详细的地图(我们通过手动驾驶车辆收集而来)来进行导航。谷歌公司联合创始人谢尔盖·布林(Sergey Brin)说，截至目前谷歌无人驾驶汽车还处于初级阶段，希望未来它可以尽可能地适应不同的场景，只要按一下按钮，就能把用户送到目的地。

3. 车载设备简介

1)雷达(radar)

很多高档汽车已经装载了雷达，它可以用来跟踪附近的物体。例如，梅赛德斯自动巡航控制系统便是一种事故预防系统，它的后保险杠上有一个装置，当它在汽车的盲点内检测到物体时便会发出警报。

2)车道保持系统(lane – keeping)

车道保持系统是在挡风玻璃上装载的摄像头可以通过分析路面和边界线的差别来识别车道标记。如果汽车不小心离开了车道，方向盘会以轻微震动来提醒驾驶者。

3)激光测距系统(LIDAR)

谷歌采用了 Velodyne 公司的车顶激光测距系统。

4)红外摄像头(infrared camera)

梅赛德斯的夜视辅助功能使用了两个前灯来发送不可见且不可反射的红外光线到前方的路面。而挡风玻璃上装载的摄像头则用来检测红外标记，并且在仪表盘的显示器上呈现被照亮的图像(其中危险因素会被突出)。

5)立体视觉(stereo vision)

梅赛德斯的原型系统在挡风玻璃上装载了两个摄像头以实时生成前方路面的三维图像，检测诸如行人之类的潜在危险，并且预测他们的行动。

6）GPS/惯性导航系统

谷歌无人驾驶汽车使用 Applanix 公司的定位系统，以及他们自己的制图和 GPS 技术。

7）车轮角度编码器（wheel encoder）

轮载传感器可以在谷歌无人驾驶汽车穿梭于车流中时测量它的速度。

3.5.2 车路协同系统

1. 智能车路协同系统概述及发展水平

1）概述

车路协同系统是目前智能交通系统的前沿技术，它采用先进的无线通信和新一代互联网等技术，全方位实施车车、车路动态实时信息交互，并在全时空动态交通信息采集与融合的基础上开展车辆主动安全控制和道路协同管理，充分实现人、车、路的有效协同，保证交通安全，提高通行效率，从而形成安全、高效和环保的道路交通系统。

业内专家们认为，项目组提出的智能车路协同系统体系框架对我国智能交通系统技术发展具有重要的价值，所开发的智能车载系统与智能路测系统对提升我国交通系统智能化水平具有积极的促进作用，研究成果对推动车辆主动安全技术发展、提升道路通行能力、引导产业发展具有重要意义。

2）最新发展水平

车路协同系统是国内、外共同追求的新型交通理念，2004 年前后，美、欧、日等发达国家就纷纷开始立项，集中对车路协同系统的关键技术进行研发。时至今日，车路协同技术发展日新月异，各国对车路协同的理解也趋近相同：利用无线通信、检测技术和智能设备技术提供车与车之间、车与路测设备之间、车与行人之间的对话，使交通参与者实时掌握其他行人与车辆的位置、速度和方向，通过智能分析提高车辆、行人的安全性，提高道路通行能力，并减少污染排放。美国交通部对外发表声明，决定推动车车通信技术在轻型车上应用，避免碰撞，提高行车安全性。

前美国交通运输部长如此评价该项技术：车车通信是继安全带、安全气囊之后的新一代安全技术，在维持美国处于全球汽车工业领导者地位中扮演重要角色。

相对发达国家，我国在车路协同技术领域的研究启动较晚。但是进入"十二五"后，科技部立项的"智能车路协同关键技术研究"项目围绕车路协同核心关键技术和典型应用开展了系统性的探索研究。这一项目由清华大学、北京航空航天大学、同济大学、北京交通大学、武汉理工大学、武汉大学、东南大学、国家 ITS 研究中心、中国汽车技术研究中心和重庆长安汽车股份有限公司等 10 家单位参与，有效地推动了我国智能车路协同技术的迅速发展。目前我国的相关研究水平在总体设计、车载设备等方面已经与国际先进技术比肩，在多模式数据交互、管理技术、交通协调控制、集成测试等方面处于国际领先水平。

2. 智能车路协同各系统作用简介

1）智能车载系统——保证行车安全性

智能车载系统就像一个智能人，由眼睛、耳朵、嘴、大脑和手脚组成，协助驾驶员完成车辆的安全驾驶，比如车车避撞、人车避撞、交叉口安全通行、换道辅助驾驶等。车载传感器是汽车的眼睛，能看见前方的道路、车辆和障碍物；数据交互系统是汽车的耳朵和嘴，能与其他车辆进行交流，在获得周围车辆位置、速度和状态的同时也将自己的情况通报给其他车辆；主控计算机是汽车的大脑，对看到和听到的信息进行综合分析，如果车辆行驶是安全的，它不会干预驾驶员的操作，一旦发现有危险，首先它会提示驾驶员小心，当出现危急状况时，它会直接指挥作为手脚的刹车将汽车停下来，避免危险真正发生。

2）智能路测系统——提高道路通行能力

智能路测系统不会移动，但它的传感器就像我们的眼睛，能"看到"往来车辆、行人的运动状态和道路的湿滑状态，还能与路口的红绿灯控制系统连接获取各个方向的灯色和剩余时间。它的耳朵能"听到"安装了智能车载设备的汽车发给它的信息，更重要的是它可以用"嘴巴"把得到的所有信息广播给来往的车辆，让大家协调运行。比如，它可以把检测到的异常停车、行人过街等危险情况通知周边车辆，保证车辆安全；它可以根据车辆位置和信号灯状态，给驾驶员建议一个合理的行驶速度，保证车辆不停车而通过路口；当获悉驶近路口的车辆是救护车或消防车时，它可以调整信号灯让它们先行；当然，它还可以与智能车载系统合作，当驾驶员不小心想要闯红灯的时候强制停车，从而避免危险。

3）智能数据交互系统——保证人车路的对话

车路协同系统基础是车辆之间、车辆与不同地方的路测设备之间的相互交流。智能数据交互系统除了能看、能说、能听以外，还是一个全能的翻译，无论你来自哪里，不论你有多重的口音，无论你说话快慢，只要你说的是中国话，它都可以翻译成标准的普通话，保证所有驾驶员能听懂它传递的信息。有了它的帮助，所有的车路协同系统应用就可以大范围地推广应用。

这一切都可以通过项目组开发的智能车路协同数据交互系统来实现，目前该系统能通过专用短程通信、无线网络和移动通信等多种通信模式实现车车、车路的数据交互，不同单位开发的各种行车安全、交通控制和信息服务等应用都能通过该系统实现对话，共同为提供安全、高效、便捷的交通服务做出贡献。

复习与思考题

1. 试分析因车辆因素导致交通事故发生的主要原因有哪些。
2. 谈谈如何合理使用轮胎以确保其安全性。
3. 试分析由于车速过快导致交通事故发生的主要原因有哪些。
4. 为避免交通事故的发生或降低事故的损害程度，通常可以采取哪些结构上的措施？
5. 什么是车路协同系统？它有何特点？
6. 怎样安全地实现无人驾驶技术，谈谈你的看法。

第4章　道路与交通安全

4.1　公路

公路是指联结各城镇、乡村和工矿基地之间主要供汽车行驶的郊外道路。法律意义上的公路，是指按照国家规定的《公路工程技术标准》(JJG B01—2014)修建，并经主管部门验收认定的城间、城乡间、乡间可供汽车行驶的公共道路。公路的规划、建设、养护、经营、使用和管理，适用《中华人民共和国公路法》，具体事务由国家交通部主管。

4.1.1　公路类别

公路可分为干线公路、地方公路、专用公路。公路按其在公路路网中的地位和行政管理体制分为国道、省道、县道、乡道。

国道由国家统一规划，由各所在省市自治区负责建设、管理、养护。国道的标识符为"G"。

省道是在国道网的基础上，由省对具有全省意义的干线干路加以规划，并且建设、管理、养护。"S"打头的公路代表省级公路。

县道中的主要路段由省统一规划、建设和管理，一般路段由县自定并建设、管理和养护。"X"表示县级公路。

乡道主要为乡村服务，由县统一规划组织建设、管理和养护。

4.1.2　公路等级

当前我国的公路等级按照其使用任务、功能和适应的交通量分为高速公路、一级公路、二级公路、三级公路、四级公路五个等级(表4－1)。

表4－1　各等级公路时速表

公路等级	高速公路			一级公路		二级公路		三级公路		四级公路	
设计速度/(km·h⁻¹)	120	100	80	100	80	60	80	60	40	30	20

1. 高速公路

专供汽车分向、分车道行驶，全部控制出入。一般按照需要设计高速公路的车道数，设计年限平均昼夜交通量为 25000 ~ 100000 辆。四车道高速公路应能适应将各种汽车折合成小客车的年平均日交通量 25000 ~ 55000 辆；六车道高速公路应能适应将各种汽车折合成小客车的年平均日交通量 45000 ~ 80000 辆；八车道高速公路应能适应将各种汽车折合成小客车的年平均日交通量 60000 ~ 100000 辆。

2. 一级公路

专供汽车分向、分车道行驶，并可根据需要控制出入，设计年限平均昼夜交通量为 15000 ~ 55000 辆。四车道一级公路应能适应将各种汽车折合成小客车的年平均日交通量 15000 ~ 30000 辆；六车道一级公路应能适应将各种汽车折合成小客车的年平均日交通量 25000 ~ 55000 辆。

3. 二级公路

供汽车行驶的双车道公路，应能适应将各种汽车折合成小客车的年平均日交通量 5000 ~ 15000 辆。

4. 三级公路

主要供汽车行驶的双车道公路，应能适应将各种车辆折合成小客车的年平均日交通量 2000 ~ 6000 辆。

5. 四级公路

主要供汽车行驶的双车道或单车道公路。双车道四级公路应能适应将各种车辆折合成小客车的年平均日交通量 2000 辆以下；单车道四级公路应能适应将各种车辆折合成小客车的年平均日交通量 400 辆以下。

4.1.3　公路结构

公路是建筑在野外大地上的一种线形工程构造物，能承受车轮荷载并经受各种自然因素的长期影响和破坏，公路包括直接组成部分、间接组成部分和附属工程等三大部分。

1. 直接组成部分

直接组成部分是公路的主体和骨架，主要包括：①路基；②路面；③桥梁、涵洞及隧道。

1）路基

路基（图 4 - 1）是行车部分的基础，由土石按照一定尺寸结构要求建筑成带状结构物，它的强度和稳定性能防止自然力的破坏及行车荷载的损害。路基的形式随地形的变化而不同，一般分为挖方路基、填方路基和半填半挖路基三种。顶面高于天然地面的路基称为路堤，低于天然地面的称为路堑。

2）路面

路面（图 4 - 2）是用各种坚硬材料分层铺筑的路基顶面结构物，具有一定的强度、平整度和粗糙度，可使车辆安全、舒适地行驶。为了便于排除路面的积水，路面横向的坡度一般设计成拱形，称之为路拱。路面一般按其力学性质分为柔性路面和刚性路面两大类。

路面结构层：铺筑在一般土基上的路面，至少有基层和面层两个层次，在软弱土基上还要加筑垫层，高级路面一般有更多的层次。路面层结构示意图如图 4 - 3 所示。

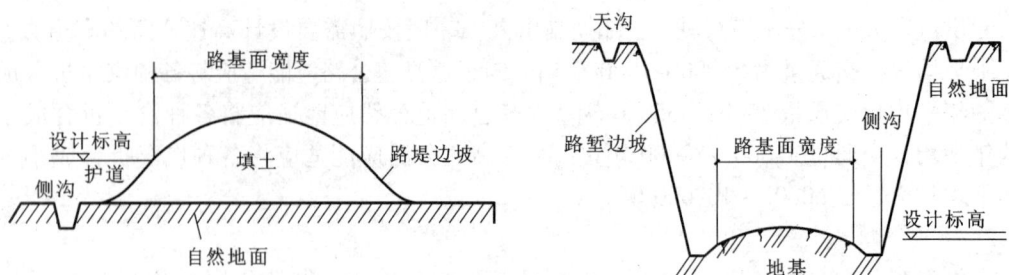

图 4 - 1　路基结构图

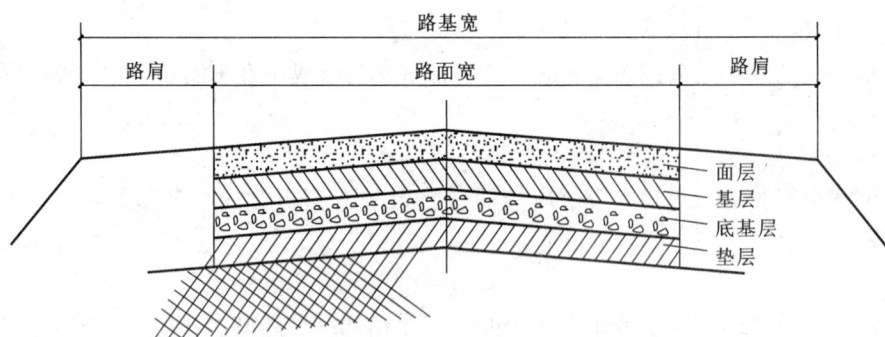

图 4 - 2　路面结构图

面层：又称铺装层或表层，顶面直接与车轮接触，路面的名称由这一层使用的材料而定。

基层：又称为底层或承载层，其作用是把面层上车轮的重力均匀地传递给垫层，并加强路面的整体性，防止面层滑动、位移或产生裂缝。它是垫层和面层之间的过渡结构层，多用石质较好的碎石和碎砾石铺筑，厚度为 6 ~ 8 cm。

垫层：用来增强路基的防水、防冻和承载能力。它是铺垫在路基表面的一层加强层，所以也称路基加固层。垫层用低剂量石灰处理的土壤、天然砂砾、炉灰或泥炭等铺填，厚度为10 ~ 15 cm。

3）桥梁、涵洞及隧道

桥梁是公路用以跨越河流、山谷或其他线路等障碍的建筑物，一般是由上部结构和支撑它的下部结构即墩台与基础组成。

涵洞是公路跨越小水流和农田灌溉沟集等的建筑物，其结构主要由洞身和洞口两部分组成。有的还设有急流槽、跌水井、消水槛或泄水槽等。

在山岭地层中挖洞修筑的通道称为隧道。隧道的作用在于减少翻山越岭，改善路线技术状况，减少土、石方数量；缩短公路里程。

2. 间接组成部分

相对而言，间接组成部分起加固和稳定公路的作用，主要包括：

（1）防护工程。它属防护路基边坡不受自然气候的剥蚀和河水冲刷的技术措施，包括坡

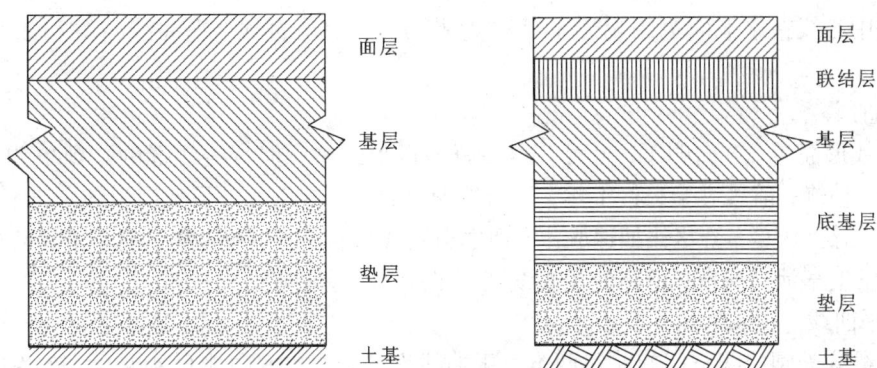

图 4 - 3　路面层示意图

面防护、冲刷防护和支挡建筑三种类型。

(2)排水设备。主要用于路基排水，其工程可分为排除地表水和地下水两大类。常用的地面排水设施有边沟、截水沟、急水槽、跌水井和桥涵等；常用的地下排水设施有盲沟、混合渗沟和渗井等。

(3)山区特殊构造物。山区公路常需要建筑各种特殊构造物，如挡土墙、石砌边坡、护脚、悬出路台、半山桥、明洞或护面墙等。

3. 附属工程

为了保证行车安全和沿途环境舒适美化，公路沿线应设有各种附属工程和构造物。

(1)管理设施，包括交通信号、交通标志、交通标线等。

(2)安全设施，包括道路反光镜、护柱、护栏、护墙等。

(3)服务设施，包括车站、停车场、加油站、修理工场等。

(4)公路绿化，可以稳定路基，隐蔽路面，美化路容，并可防止或减轻积砂、积雪、洪水等对公路的危害。

(5)道路照明，使驾驶者得到视野内必要的道路信息和足够的安全视距。另外，排列的照明灯还可以表明道路线形而起到引导视线的作用。

4.1.4　道路条件

随着车辆的行进，道路环境在不断变化，驾驶员的心理活动、生理状况以及车辆的状态也在发生相应的改变。这些要素的变化必须相互协调，才能保证行车安全。

1. 路面状况

路面的抗滑能力对安全行车至关重要，路面等级越高抗滑能力越强，通常用道路附着系数进行衡量。当原有的沥青路面已非常光滑时，简单地压入适量的预涂沥青的石屑便可得到满意的抗滑能力。对于光滑的块石路面和磨光的水泥混凝土路面，用机械凿毛可获得良好的抗滑能力。

2. 道路线形

公路弯弯曲曲、起伏不平，波浪式地向远方延伸，这种弯曲和起伏就是道路的线形，即道路中心线的空间描绘线。

1)平面线形

道路中心线在水平面上的投影形状称为平面线形,由直线、平曲线与缓和曲线三部分构成。

(1)直线。

直线线形简单,方向明了,且可获得最短的行车距离。但直线线形的景观单调,长直线道路呆板、枯燥,前景过于一目了然,不与地形融合,会导致驾驶员反应迟钝,动作缓慢,易产生疲劳,感到厌倦,会尽快加速驶出,加之道路线形直,产生单调感,削弱了驾驶员的警觉性,容易发生车祸。所以,道路使用直线线形的距离不宜过长。

(2)平曲线。

平曲线分为圆曲线与回旋曲线两类。平曲线设计容易,方向能自然变化,车辆运行时侧向景观呈现动态。适当采用平曲线,可刺激驾驶员的注意力,使驾驶员具有一定的紧张程度,有助交通安全。平曲线的半径、超高、加宽均值得注意。

平曲线半径的大小,应能保证汽车在弯道上行驶时,在离心力的作用下不致产生侧滑,乘车人员也感到比较舒适。其长度应满足驾驶员操纵方向盘不感到困难为宜。

平曲线超高指为了使汽车在弯道上行驶时不致在离心力的作用下向弯道外侧侧滑,弯道的路面应具有横向坡度,即外侧高于内侧,称为超高。平曲线的超高大些,车辆转弯时不会向外侧侧滑,其平顺性和舒适性也好些;但当汽车在弯道处停车或行驶速度低于设计车速时,由于离心力很小,汽车总重沿道路横向坡度向内侧的分力,将使车辆向道路内侧侧滑,特别是在冰雪路面上,更加危险。所以,道路超高即横向坡度的最大值必须限制。

平曲线加宽指汽车转弯时,前内轮与后内轮的转弯半径是不一样的,呈前小后大,这就需要加宽平曲线段,以防止车辆后部越出行车道。由直线段正常的路面宽度过渡到曲线加宽后的路面宽度,有逐渐加宽的缓和段。

(3)缓和曲线。

在直线和平曲线或大弯道和小弯道相接时,使它们圆滑过渡应加入缓和曲线。缓和曲线使道路线形和景观配合和谐,驾驶员容易感到线形连续,道路间线形过渡自然,变化不突然,视线平顺,能有效地清除视线障碍,缓和人体对离心力变化的不适,并易于操作方向盘和改变微小偏差。缓和曲线采用回旋曲线,回旋曲线是指汽车以一定的速度运行,用固定的角速度旋转方向盘时汽车所描绘的运行轨迹。

2)纵断线形

道路纵断线形是指沿道路前进方向上坡、下坡的纵向坡度及在上下坡或下上坡转折处插入竖直线后构成的空间形状。在纵断线型中,纵坡大小及其长度、两个坡段之间插入的竖曲线是否恰当对行车安全构成直接影响。

(1)最大纵坡。

纵向坡度的标准值,按照在投资容许范围内尽可能少地降低车辆速度的原则确定。具体标准为:在满载条件下,纵向坡度的一般值,对小客车大致以平均行车速度可以爬到坡顶、普通载货汽车大致以1/2设计车速能够爬到坡顶为原则确定。国家《公路工程技术标准》(JTC B01—2014)对不同设计车速下最大纵坡坡度的规定如表4-2所示。

表 4 - 2　不同设计车速下的最大纵坡坡度

设计速度/$(km \cdot h^{-1})$	120	100	80	60	40	30	20
最大纵坡坡度/%	3	4	5	6	7	8	9

注：高速公路受地质、地形条件或其他特殊原因限制时，经经济技术认证合理可行，最大纵坡坡度可增加1%。

（2）坡长限制。

长距离的陡坡对汽车行驶极为不利，因为低挡长时间爬坡，会引起发动机过热，导致功率下降。下坡则需经常使用制动器，使制动鼓温度升高，制动效能降低，影响安全，并增加汽车零件和轮胎的磨损。所以，坡道的长度应受到限制。

（3）缓坡段。

在山岭、重丘区的公路，当连续纵坡坡度大于15%时，应在不大于规定的坡长处设置缓坡段，给予缓和。缓坡段的纵坡应坡度不大于3%，长度应小于100 m。在缓坡段上，车辆可以"轻松一下"，驾驶员也可以稍稍休息。所以，亦称休息坡。

（4）竖曲线。

汽车在纵面上两个坡道的转折处通过，为了缓和因动量变化所产生的冲击力，确保视距长度，也要用一段缓和曲线来缓和，这条缓和曲线叫做竖曲线。它的长度和曲率取决于纵向坡度的变化量。凸形竖的曲线和凹形竖曲线的曲率极小值，分别以行驶速度和视距需要而定。

3）线形组合

竖曲线和平曲线的完美组合，使道路线形看起来不觉扭曲，过渡自然、优美，可避免视线曲折，达到良好的引导驾驶员视线的目的。两者的不良组合，会使路段扭曲，破坏了线形的一致性，造成驾驶员心理、视觉不适，对线形变化不适应，使视觉出现紊乱，从而形成行驶中的危险路段。

常见的不良组合有以下几种：

（1）在凸形曲线的顶部和凹形竖曲线的底部，插入小半径平曲线或反向曲线即 S 形拐点。前者造成暗弯使视线失去引导，后者容易造成超速行车，引起事故。

（2）在一个平曲线内或一段直线段内反复出现凸凹竖曲线。

（3）在长的直线段内插入凹形竖曲线。

（4）在同向曲线之间留有短的直线。

（5）合成坡度过大或过小，过大容易造成驾驶员失误，过小则易造成排水困难。

3．道路横断面

道路横断面的形式、布置、各组成部分尺寸及比例应按道路类别、等级、计算行车速度、交通量、交通特性、交通组织、交通设施、地上杆线、地下管线、绿化、地形等因素统一安排，以保障车辆和人行交通的安全通畅。

4．道路视距

视距是驾驶者向前所能看见的路线距离，其中弯道半径和纵断面凸出部分的影响很大。为了保证车辆的行驶安全，道路的设计必须保证驾驶者有足够的视距。

（1）停车视距，指驾驶者在行车中，从发现前方有障碍物或危险情况到车辆紧急制动，在障碍物前能停车所需要的最短距离。

（2）会车视距，指两车在道路上对开时，驾驶者互相发现对方，无法错车或避让条件下开始刹车至车辆完全停住且不相撞的最短距离。

（3）超车视距，指能够使后车超越前车并且来得及在与对面来车接触之前安全驶入正常行驶路线的距离。

5. 交叉路口

两条或多条道路在同一地点接合或相互穿越时，称为交叉。在同一高程上的交叉称为平面交叉，在不同高程上的交叉称为立体交叉。在道路交通的所有地段中，交叉路口的情况最为复杂，特别是城市的平面交叉路口，各种车辆汇集，行人密度大，是交通事故的多发点。

1）平面交叉

平面交叉口总是集中着大量的车辆，各方车流在交叉、分流、合流的过程中，极易发生冲突，可能发生冲突的位置称为冲突点。丁字形路口（图4-4）有9个冲突点，十字形路口（图4-5）则有32个冲突点。

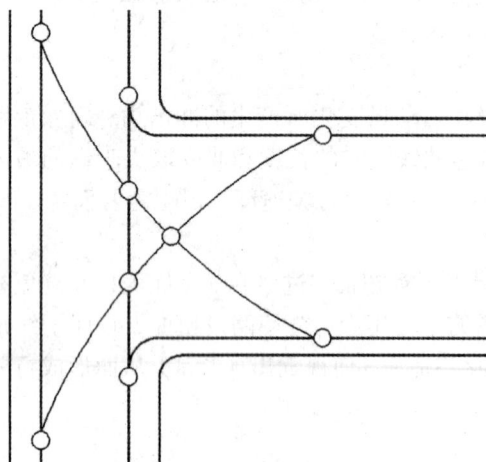

图4-4　丁字形路口冲突点　　　　图4-5　十字形路口冲突点

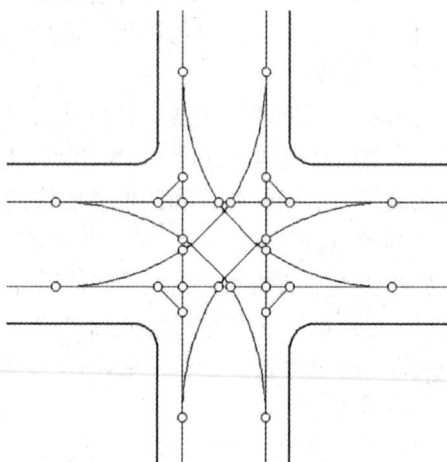

2）立体交叉

立体交叉是道路现代化的标志之一，各种不同的立体交叉的共同特点是减少了交叉路口的冲突点，避免了车辆交会必须减速、停车的情况减少发生相互碰撞的危险。

6. 交通量

交通量是指在一定时间内通过某地点或某断面的车辆、行人的数量。它通常指机动车交通量。它是随时间变化的，常以平均交通量、高峰小时交通量和设计小时交通量作为有代表性的交通量。

交通量的大小对行车安全有一定的影响。一般情形下，交通量大，车辆之间的相互干扰碰撞机会多，特别是超车时，由于超车等待时间延长，驾驶员易产生急躁情绪，会影响驾驶操作，导致交通事故增加。当然，交通量在最初增加的过程中，由于会车的可能性增加，使驾驶员提高注意力，交通事故的数量会相对降低。交通量小，车辆可以以自由车速行驶，干扰因素少，有利于行车安全，但在交通量小的情况下，驾驶员大都以个人意向来选择行车速度，有些驾驶员就容易放松注意力，超高速行车，一旦驶入危险路段，遇到险情，来不及作出反应从而容易导致交通事故的发生。

4.2　城市道路

通达城市各个地区，供城市内交通运输及行人使用的，便于居民生活、工作及文化娱乐活动，并与城市外道路连接承担对外交通的道路称为城市道路。城市道路一般比公路宽阔，为适应城市里种类繁多的交通工具，多划分为机动车道、公共交通优先专用道、非机动车道等。道路两侧有高出路面的人行道和房屋建筑。人行道下一般多埋设公共管线。城市道路两侧或中心地带，有时还设置绿化带、雕塑艺术品等，亦起到了美化城市的作用。

4.2.1　城市道路的分类

按照道路在道路网中的地位、交通功能以及对沿线建筑物的服务功能等，城市道路分为四类：

（1）快速路，双向行车道、中央设有分车带、进出口一般全控制或部分控制，为城市大量、长距离、快速交通服务。

（2）主干道，连接城市主要分区的干路，以交通功能为主，一般为三幅或四幅路。

（3）次干道，与主干道组成道路网，起集散交通之用，兼有服务功能。

（4）支路，为次干路与街坊路的连接线，解决局部地区交通，以服务功能为主。

4.2.2　城市道路的规范

城市道路的规划、建设、养护、维修和路政管理，适用《城市道路管理条例》。城市道路的主要技术规范有：《城市道路工程设计规范》（CJJ 37—2012）、《城市道路照明设计标准》（CJJ 45—2006）、《城市道路绿化规划设计规范》（CJJ 75—1997）、《城市道路交通设施设计规范》（GB 50688—2011）和《城镇道路养护技术规范》（CJJ 36—2006）等。

4.2.3　城市道路的布局

城市中由快速路、主干路、次干路、支路等纵横交织组成的一个网状系统，称为城市道路网。城市道路网的形成是城市的历史、地理及城市本身的性质、规模等因素综合作用的结果。城市道路网的基本形式分为：方格式（棋盘式）、带状式、星形放射式、环形放射式、自由式、混合式等。

4.3　道路交通标志

4.3.1　警告标志

警告标志是警告车辆、行人注意危险地点及应采取措施的标志。

驾驶员在一条不熟悉的道路上行驶，不可能知道行驶前方存在有潜在危险。警告标志的作用就是及时提醒驾驶员前方道路线形和道路状况的变化,在到达危险点以前有充分时间采取必要行动,确保行车安全。

警告标志的颜色为黄底、黑边、黑图案,其形状为等边三角形,顶角朝上,图4-6所示为警告标志示例。

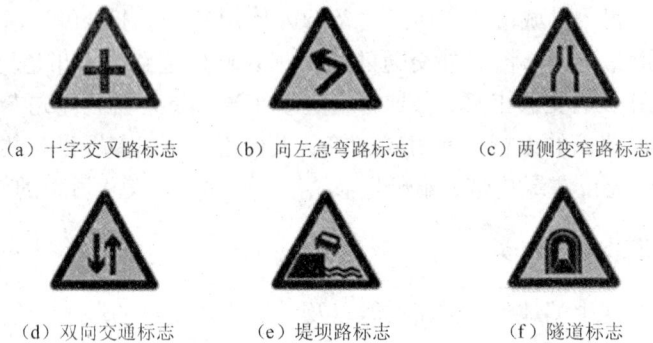

(a) 十字交叉路标志　　(b) 向左急弯路标志　　(c) 两侧变窄路标志

(d) 双向交通标志　　(e) 堤坝路标志　　(f) 隧道标志

图4-6　警告标志示例

警告标志可以分为下列几类:

(1)交叉路口标志。用以警告车辆驾驶人谨慎慢行,注意横向来车相交。设置在视线不良的平面交叉路口驶入路段的适当位置。

(2)急弯路标志。用以警告车辆驾驶人减速慢行。设置在计算行车速度小于60 km/h,平曲线半径等于或小于道路技术标准规定的一般最小半径,及停车视距小于规定的视距所要求的曲线起点的外面,但不得进入相邻的圆曲线内。

(3)反向弯路标志。用以警告车辆驾驶人减速慢行。设置在计算行车速度小60 km/h,两相邻反向平曲线半径均小于或有一个半径小于道路技术标准规定的一般最小半径,且圆曲线间的距离等于或小于规定的最短缓和曲线长度或超高缓和段长度的两反向曲线段起点的外面,但不得进入相邻的圆曲线内。

(4)连续弯路标志。用以警告车辆驾驶人减速慢行。设置在计算行车速度小于60 km/h,连续有三个或三个以上小于道路技术标准规定的一般最小半径的反向平曲线,且各圆曲线间的距离等于或小于最短缓和曲线长度或超高缓和段长度的连续弯路起点的外面,当弯路总长度大于500 m时,应重复设置。

(5)陡坡标志。用以提醒车辆驾驶人小心驾驶。分别设置在坡度大于7%的纵坡坡脚和坡顶以前适当位置。公路纵坡小于7%,但由于不利地形或连续地上、下坡可能危及行车安全的地方也可设置。

(6)窄路标志。用以促使车辆驾驶人注意前方行道或路面狭窄情况,遇有来车应予减速避让。设置在车行道变窄,或车道数减少的路段以前适当位置。

(7)窄桥标志。用以警告车辆驾驶人前方桥面宽度变窄,谨慎驾驶。设置在桥面净宽较两端路面宽度窄的桥梁以前的适当位置。

(8)双向交通标志。用以促使车辆驾驶人注意会车。设置在由双向分离行驶,因某种原因出现临时性,或永久的不分离双向行驶的路段,或由单向行驶进入双向行驶的路段以前的适当位置。

（9）注意行人标志。用以促使车辆驾驶人减速慢行，注意行人。设置在行人密集，或不易被驾驶员发现的人行横道线以前的适当位置。

（10）注意儿童标志。用以促使车辆驾驶人减速慢行，注意儿童。设置在小学、幼儿园、少年宫等儿童经常出入地点前的适当位置。

（11）注意牲畜。用以促使车辆驾驶人减速慢行。设置在公路上经常有牲畜横穿、出入的地点前的适当位置。

（12）注意信号灯标志。用以促使车辆驾驶人注意前方路段设有信号灯。设置在驾驶员不易发现前方为信号灯控制路口，或由高速公路驶入一般道路的第一信号灯控制路口以前的适当位置。

（13）注意落石标志。用以促使车辆驾驶人注意落石。设置在有落石危险的傍山路段以前的适当位置。使用时应根据落石的不同方向选择。

（14）注意横风标志。用以促使车辆驾驶人小心驾驶。设置在经常有很强的侧向风的路段以前的适当位置。

（15）易滑标志。用以促使车辆驾驶人注意慢行。设置在路滑容易发生事故的路段以前的适当位置。

（16）傍山险路标志。用以促使车辆驾驶人小心驾驶。设置在傍山险路路段以前的适当位置。使用时应根据傍山险路的不同朝向选择。

（17）堤坝路标志。用以促使车辆驾驶人小心驾驶，设置在沿水库、湖泊、河流等堤坝道路以前适当位置。使用时应根据水库、湖泊等位于堤坝路的不同位置选择。

（18）村庄标志。用以促使车辆驾驶人小心驾驶。设置在紧靠村庄、集镇且视线不良的路段以前的适当位置。

（19）隧道标志。用以促使车辆驾驶人注意慢行。设置在双向行驶、照明不好的隧道口前的适当位置。

（20）渡口标志。用以促使车辆驾驶人谨慎驾驶。设置在车辆渡口以前的适当位置。

（21）驼峰桥标志。用以促使车辆驾驶人谨慎驾驶。设置在拱度很大，影响视距的驼峰桥以前的适当位置。

（22）路面不平标志。用以促使车辆驾驶人减速慢行。设置在路面颠簸路段或桥头跳车较甚的地点以前的适当位置。该标志可作临时标志使用。

（23）过水路面（或漫水桥）标志。用以促使车辆驾驶人谨慎慢行。设置在过水路面，或漫水桥路段以前的适当位置。

（24）铁路道口标志。用以警告车辆驾驶人注意慢行或及时停车。该标志有两种，分别为有人看守铁路道口标志，设置在车辆驾驶人不易发现的道口以前的适当位置，和无人看守铁路道口标志，设置在无人看守铁路道口以前的适当位置。

①叉形符号。表示多股铁道与道路交叉。该符号颜色为白底红边。设置在铁路道口标志上端。叉形符号交叉点到警告标志三角形顶点的距离为 40 cm。

②斜杠符号。表示距铁路道口的距离。在无人看守的铁路道口，凡路面上没有标划"近铁路平交道口标线"时，应在"无人看守铁路道口"标志下设斜杠符号。

（25）注意非机动车标志。用以促使车辆驾驶人注意慢行。设置在经常有非机动车横穿、出入的地点以前的适当位置。

(26)事故易发路段标志。用以告示前方道路为事故易发路段，谨慎驾驶。设置在交通事故易发路段以前的适当位置。

(27)慢行标志。用以促使车辆驾驶人减速慢行。设置在前方需要减速慢行的路段以前的适当位置。

(28)注意障碍物标志。用以告示前方道路有障碍物，车辆应按标志指示减速慢行。设置在道路障碍物以前的适当位置。

(29)施工标志。用以告示前方道路施工，车辆应减速慢行或绕道行驶。该标志可以作为临时标志设置在施工路段以前的适当位置。

(30)注意危险标志。用以促使车辆驾驶人谨慎驾驶。设置在以上标志不能包括的其他危险路段以前的适当位置。

4.3.2 禁令标志

禁令标志是根据道路和交通情况，为保障交通安全而对车辆和行人交通行为加以禁止或限制的标志。

根据道路和交通情况，为保障交通安全对车辆、行人的行为加以禁止或限制的标志，除个别标志外，形状为圆形，白色底，红圈红斜杠，黑色图案。图4-7所示为禁令标志示例。

(a) 禁止驶入标志   (b) 禁止非机动车通行标志   (c) 禁止行人通行标志

(d) 禁止直行标志   (e) 禁止向左转弯标志   (f) 禁止超车标志

图4-7　禁令标志示例

禁令标志可以分为以下各类：

(1)禁止通行标志。表示禁止一切车辆和行人通行。设置在禁止通行的道路入口附近。

(2)禁止驶入标志。表示禁止车辆驶入。设置在禁止驶入的路段入口，或单行路的出口处，其颜色为红底中间一道白横杠。

(3)禁止机动车通行标志。表示禁止各类机动车通行。设置在禁止机动车通行路段的入口处。有时间、车种等特殊规定时，应用辅助标志说明。

(4)禁止载货汽车通行标志。表示禁止载货汽车通过。设置在禁止载货汽车通行路段入口处。对通行的载货汽车有载重量限制时，应用辅助标志说明，如禁止小货车通行。

(5)禁止三轮机动车通行标志。表示禁止三轮机动车通行。设置在禁止三轮机动车通行路段的入口处。

(6)禁止大型(或小型)客车通行标志。表示禁止大型(或小型)客车通行。设置在禁止大型(或小型)客车通行路段的入口处。

(7)禁止汽车拖、挂车通行标志。表示禁止汽车拖、挂车通行。设置在禁止汽车拖、挂车通行路段的入口处。

(8)禁止拖拉机通行标志。表示前方禁止各类拖拉机通行。设置在禁止各类拖拉机通行路段的入口处。

(9)禁止农用运输车通行标志。表示前方禁止农用运输车通行。设置在禁止农用运输车通行路段的入口处。

(10)禁止二轮摩托车通行标志。表示前方禁止二轮摩托车通行。设置在禁止二轮摩托车通行路段的入口处。

(11)禁止某两种车通行标志。表示前方禁止标志上所示的两种车辆通行。设置在禁止某两种车通行路段的入口处。

(12)禁止非机动车通行标志。表示禁止各类非机动车通行。设置在禁止非机动车通行路段的入口处。

(13)禁止畜力车通行标志。表示禁止畜力车通行。设置在禁止畜力车通行路段的入口处。

(14)禁止人力(客、货)三轮车通行标志。表示禁止人力(客、货)三轮车通行。设置在禁止人力(客、货)三轮车通行路段的入口处。

(15)禁止人力车通行标志。表示禁止人力车通行。设置在禁止人力车通行路段的入口处。

(16)禁止骑自行车下坡(或上坡)标志。表示禁止骑自行车下坡(或上坡)。设置在骑自行车下坡(或上坡)有危险的地方。

(17)禁止行人通行标志。表示禁止行人通行。设置在禁止行人通行的地方。

(18)禁止向左(或向右)转弯标志。表示前方路口禁止一切车辆向左(或向右)转弯。设置在禁止向左(或向右)转弯的路口以前的适当位置。有时间、车种等特殊规定时,应用辅助标志说明或附加图案。

(19)禁止直行标志。表示前方路口禁止一切车辆直行。设置在禁止直行的路口以前的适当位置。有时间、车种等特殊规定时,应用辅助标志说明或附加图案。

(20)禁止向左向右转弯标志。表示前方路口禁止一切车辆向左向右转弯。设置在禁止向左向右转弯的路口以前的适当位置。有时间、车种等特殊规定时,应用辅助标志说明或附加图案。

(21)禁止直行和向左转弯(或直行和向右转弯)标志。表示前方路口禁止一切车辆直行和向左转弯(或直行和向右转弯)。设置在禁止直行和向左转弯(或直行和向右转弯)的路口以前适当位置。有时间车种特殊规定时,应用辅助标志说明或附加图案。

(22)禁止掉头标志。表示禁止机动车掉头。设置在禁止机动车掉头路段的起点和路口以前的适当位置。

(23)禁止超车标志。表示该标志至前方解除禁止超车标志的路段内,不准机动车超车。设置在禁止超车路段的起点。

(24)解除禁止超车标志。表示禁止超车路段结束。设置在禁止超车路段的终点,标志颜色为白底、黑圈、黑细斜杠、黑图案。

（25）禁止车辆停放标志。表示在限定的范围内，禁止车辆停放的地方。该标志为蓝底红圈红斜杠。

①禁止车辆临时或长时停放标志。表示禁止一切车辆临时或长时停放。

②禁止车辆长时停放标志。表示临时停车不受限制。禁止车辆停放的时间、车种和范围可用辅助标志说明。

（26）禁止鸣喇叭标志。表示禁止机动车鸣喇叭。设置在需要禁止机动车鸣喇叭的地方。禁止鸣喇叭的时间和范围可用辅助标志说明。

（27）限制宽度标志。表示禁止装载宽度超过标志所示数值的车辆通行。设置在最大容许宽度受限制的地方。

（28）限制高度标志。表示禁止装载高度超过标志所示数值的车辆通行。设置在最大容许高度受限制的地方。

（29）限制质量标志。表示禁止总质量超过标志所示数值的车辆通行。设置在需要限制车辆质量的桥梁两端。

（30）限制轴重标志。表示禁止轴重超过标志所示数值的车辆通行。设置在需要限制车辆轴重的桥梁两端。

（31）限制速度标志。表示该标志至前方解除限制速度标志的路段内，机动车行驶速度（单位：km/h）不准超过标志所示数值。设置在需要限制车辆速度的路段的起点。

（32）解除限制速度标志。表示限制速度路段结束。设置在限制车辆速度路段的终点二标志颜色为白底、黑圈、黑细斜杠、黑字。

（33）停车检查标志。表示机动车必须停车接受检查。设置在需要机动车停车受检的地点。

（34）停车让行标志。表示车辆必须在停止线以外停车瞭望，确认安全后，才准许通行。标志形状为八角形，颜色为红底白字。停车让行标志在下列情况下设置：①与交通量较大的干路平交的支路路口；②无人看守的铁路道口；③其他需要设置的地方。

（35）减速让行标志。表示车辆应减速让行，告示车辆驾驶人必须慢行或停车，观察干道行车情况，在确保干道车辆优先的前提下，认为安全时方可续行。设于视线良好交叉道路次要道路路口。标志的形状为倒三角形，颜色为白底、红边、黑字。减速让行标志在下列情况下设置：①与交通量不大的干路交叉的支路路口；②其他需要设置的地方。

（36）会车让行标志。表示车辆会车时，必须停车让对方车先行。标志形状为圆形，颜色为白底红圈，红黑两种箭头。会车让行标志在下列情况下设置：①会车有困难的狭窄路段的下一端；②由于某种原因只能开放一条车道，作双向通行路段的一端。

4.3.3　指示标志

指示标志是指示车辆、行人按规定方向、地点行进的标志。

指示标志的颜色为蓝底、白图案，其形状分为圆形、长方形和正方形，图4-8所示为指示标志示例。

指示标志可以分为下列各类：

（1）直行标志。表示一切车辆只准直行。设置在必须直行的路口前适当位置。有时间、车种等特殊规定时，应用辅助标志说明或附加图案。

(a) 直行标志　　　　(b) 环岛行驶标志　　　(c) 最低限速标志

(d) 人行横道标志　　(e) 会车先行标志　　　(f) 右转车道标志

图 4 - 8　指示标志示例

(2)向左(或向右)转弯标志。表示一切车辆只准向左(或向右)转弯。设置在车辆必须向左(或向右)转弯的路口前的适当位置。有时间、车种等特殊规定时,应用辅助标志说明或附加图案。

(3)直行和向左转弯(或直行和向右转弯)标志。表示一切车辆只准直行和向左转弯(或直行和向右转弯)。设置在车辆必须直行和向左转弯(或直行和向右转弯)的路口以前的适当位置。有时间、车种等特殊规定时,应用辅助标志说明或附加图案。

(4)向左和向右转弯标志。表示一切车辆只准向左和向右转弯。设置在车辆必须向左和向右转弯的路口前的适当位置。有时间、车种等特殊规定时,应用辅助标志说明或附加图案。

(5)靠右侧(或靠左侧)道路行驶标志。表示一切车辆只准靠右侧(或靠左侧)道路行驶。设置在车辆必须靠右侧(或靠左侧)道路行驶的地方。有时间、车种等特殊规定时,应用辅助标志说明。

(6)立交行驶路线标志。表示车辆在立交处可以直行和按图示路线左转弯(或直行和右转弯)行驶。设置在立交桥左转弯(或右转弯)出口处的适当位置。

(7)环岛行驶标志。表示只准车辆靠右环行。设置在环岛面向路口来车方向的适当位置。车辆进入环岛时应让内环车辆优先通行。

(8)单行路标志。表示一切车辆单向行驶。设置在单行路的路口和入口的适当位置。有时间、车种等特殊规定时,应用辅助标志说明或附加图案。

(9)步行标志。表示该街道只供步行。设置在步行街的两侧。

(10)鸣喇叭标志。表示机动车行至该标志处必须鸣喇叭。设置在公路的急弯、陡坡等视线不良路段的起点。

(11)最低限速标志。表示机动车驶入前方道路的最低时速限制。设置在高速公路或其他道路线速路段的起点及各立交入口后的适当位置。本标志应与最高限速标志配合设置在同一标志杆上,而不单独设置。路侧安装时,最高限速标志居上,最低限速标志居下;门架式或悬臂式安装时,最高限速居左,最低限速标志居右。

(12)干路先行标志。表示干路车辆可以优先行驶。设置在有停车让行标志的干路路口前的适当位置。

（13）会车先行标志。表示车辆在会车时可以优先行驶。与会车让行标志配合使用，设置在有会车让行标志路段的另一端。标志颜色为蓝底，对向来车尾红色箭头，行进方向为白色箭头。

（14）人行横道标志。表示该处为人行横道。标志颜色为蓝底、白三角形、黑图案。设置在人行横道线两端适当位置。

（15）车道行驶方向标志。表示车道的行驶方向。设置在导向车道前适当位置。需要时箭头可以反向使用。

（16）专用车道标志。用以告示前方车道专供指定车辆通行，不准其他车辆及行人进入。

①公交线路专用车道标志。表示该车道专供本线路行驶的公交车辆行驶。设置在该车道的起点及各交叉口入口前的适当位置。

②机动车行驶标志。表示该道路只供机动车行驶。设置在该道路的起点及各交叉路口和入口前的适当位置。

③机动车车道标志。表示该车道只供机动车行驶。设置在该车道的起点及各交叉路口和入口前的适当位置。

④非机动车标志。表示该道路只供非机动车行驶。设置在非机动车行驶的道路的起点及各交叉路口和入口前的适当位置。

⑤非机动车车道标志。表示该车道只供非机动车行驶。设置在该车道的起点及各交叉路口和入口前的适当位置。

（17）允许掉头标志。表示允许机动车掉头。设置在允许机动车掉头路段的起点和路口以前的适当位置。有时间、车种等特殊规定时，应用辅助标志说明。

4.3.4　指路标志

指路标志是传递道路方向、地点、距离信息的标志，用来指示市镇村的境界、目的地方向、地点、距离，高速公路的出入口、服务区、著名地点等信息，按用于一般道路和高速公路分类，但有的指路标志既可用于一般道路，也可用于高速公路。一般道路指路标志为蓝底白图案，高速公路指路标志为绿底白图案。指路标志的形状，除地点识别标志、里程牌、分合流标志外，为长方形和正方形。图4-9所示为指路标志示例。

指路标志可以分为下列各类：

（1）地名标志。设置在道路沿线经过的市、县、镇、村的边缘处。

（2）著名地点标志。设置在道路沿线经过的名胜古迹、疗养地、大桥、隧道和渡口等著名地点。

（3）分界标志。设置在行政区划的分界处，分界牌与行车方向垂直；或设置在道路养护段、道班管辖范围分界处，分界牌与行车方向平行。

（4）道路编号标志。道路编号标志的形状为长方形。国道编号标志颜色为红底白字、白边，省道编号标志颜色为黄底、黑字、黑边，县道编号标志颜色为白底、黑字、黑边。道路编号标志分别设置在国道、省道、县道的起点及沿途的各交叉路口前的适当位置，也可把道路编号标志放到方向地点标志中使用。行驶方向标志指示编号道路行驶之主向。行驶方向标志属道路编号标志的附属标志，位于道路编号标志之下，设于交叉口附近。行驶方向标志为白

（a）交叉路口预告标志　　（b）丁字交叉路口标志　　（c）十字交叉路口标志

（d）入口预告标志　　（e）出口编号预告标志　　（f）下一出口标志

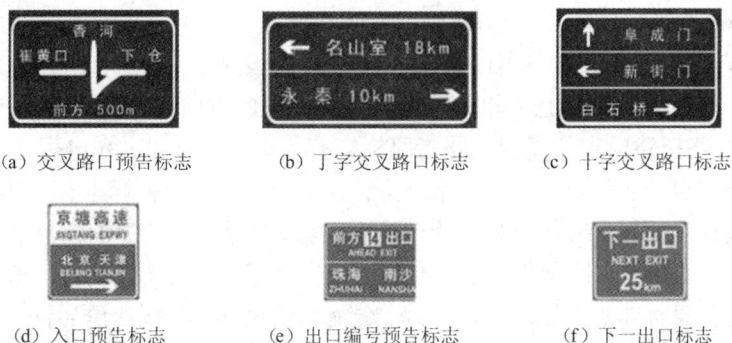

图 4 - 9　指路标志示例

底、黑字符、黑色边框。

（5）交叉路口标志。

①交叉路口预告标志设置在距交叉口前 300～500 m 处；②十字路口标志设置在距交叉路口 30～50 m 处；③丁字交叉路口标志设置在距交叉路口 30～50 m 处；④环形交叉路口标志设置在距环形交叉路口 30 m 处，或设置在对着路口的环岛上；⑤互通式立交标志设置在互通式立交以前的适当位置；⑥分岔处标志设置在互通式立交匝道分岔处。

（6）地点、距离标志。预告道路前方所要经过的重要城镇的地名和距离。地名应由近而远，从上到下地排列。设置在道路沿线，一般每经过一个交叉路口应设置一块。如交叉路口的间隔太长，也可根据需要适当加设。

（7）地点识别标志。为道路使用者提供各种重要场所的识别和指向。

（8）告示牌。以维护交通畅通，防止事故为目的，在需要强化交通管理的路段，应视实际需要选择告示牌。

（9）百米桩。百米桩桩体为白色，国道用红字，省道用蓝字，县道用黑字。设置在公路右侧各里程碑之间，每 100 m 设一个。

（10）里程碑。用于指示公路的里程。国道里程数字超过 4 位数时，采用大的尺寸。里程碑柱体为白色；国道用红字，省道用蓝字，县道用黑字。设于公路前进方向的右侧，每隔 1 km 设一块。

（11）公路界碑。设置在公路两侧用地范围分界上。界碑为白色，字体黑色。一般每隔 200～500 m 设置一块，曲线段可适当加密。

（12）停车场标志。设置在停车场入口附近。停车场是否收费应采用辅助标志（收费或免费）来说明。

（13）避车道标志。用于指示前方设有避让来车的处所，设置在双向错车困难路段距避车道 150 m 附近。

（14）人行天桥标志、人行地下通道标志。用于指示行人通往天桥或地下通道入口的位置。设置在天桥或地下通道入口附近，并可附设辅助标志指示其入口方向或距离。

（15）绕行标志。用于指示前方路口车辆绕行的正确行驶路线。本标志为蓝底白色街区黑箭头，根据需要可在标志上绘制要求的禁令标志图案。绕行路线可随实际路况而作调整。

（16）此路不通标志。用以指示前方道路为死胡同，无出口、不能通行。该标志为蓝底白色街区红色图案。

（17）残疾人专用设施标志。用以指示残疾人专用设施的位置。设置在残疾人专用设施附近适当位置。可附加辅助标志，指示残疾人专用设施的方向或距离。

（18）高速公路指路标志。高速公路指路标志有入口预告标志、入口标志、高速公路起点标志、高速公路终点预告标志、高速公路终点标志、下一出口预告标志、出口标志、地点方向标志、地点距离标志、收费站预告及收费站标志、紧急电话标志、加油站标志、紧急停车带标志、服务区预告标志、停车区预告标志、停车场预告及停车场标志、爬坡车道标志、车距确认标志、道路交通信息标志、里程碑和百米碑、分流合流诱导标、线形诱导标等。

4.3.5 旅游区标志

旅游区标志是设置在通往旅游景点的交通路口，提示方向和距离信息的标志，使旅游者能方便地识别通往旅游区的方向和距离，了解旅游项目的类别。旅游区标志分为指引标志和旅游符号标志两大类，图 4 - 10 所示为旅游区标志示例。

（a）旅游区方向标志　　（b）旅游区距离标志　　（c）索道标志

（d）询问处标志　　（e）划船标志　　（f）骑马标志

图 4 - 10　旅游区标志示例

（1）指引标志。提供旅游区的名称、有代表性的图案及前往旅游区的方向和距离。设置在高速公路出口附近及通往旅游区各连接道路的交叉口附近。

（2）旅游符号。提供旅游项目类、具代表性的符号及前往各旅游景点的指引。设置在高速公路或其他道路通往旅游景点的交叉口附近，或在大型服务区内通往各旅游景点的路口。也可在指路标志上附具代表性的旅游符号，让旅游者了解景点的旅游项目。旅游符号下可以附加辅助标志以指示前进方向或距离。

4.3.6 道路施工安全标志及设施

道路施工安全标志及设施包括以下各类（图 4 - 11 所示为道路施工安全标志示例）：

（1）路栏。用以阻挡车辆及行人前进或指示改道。设置在道路施工、养护、落石、塌方

（a）前方施工标志　　　　（b）道路封闭标志　　　　（c）右道封闭标志

（d）向左改道标志　　　　（e）车辆慢行标志　　　　（f）向右改道标志

图 4 - 11　道路施工安全标志示例

而致交通阻断路段的两端或周围。

（2）锥形交通路标。与路栏配合，用以阻挡或分隔交通流。设置在需要临时分隔车流，引导交通，指引车辆绕过危险路段，保护施工现场设施和人员等场所周围或以前的地点。锥形交通标夜间使用时上端应安装白色反光材料或反光导标。

（3）施工警告灯号。用以警告车辆驾驶人前方道路施工，应减速慢行。设于夜间施工路段附近。本灯号分为闪光灯号及定光灯号两种，安装于路栏或独立活动支架上。

（4）道口标柱。设置在公路沿线较小交叉路口两侧，用来提醒主线车辆提高警觉，防范小路口车辆突然出现而造成意外。

（5）施工区标志。用以通告高速公路及一般道路交通阻断、绕行等情况。设置在道路施工、养护等路段前适当位置。施工标志为长方形，蓝底白字，图案部分为黄底黑图案。

（6）移动性施工标志。用以警告前方道路有作业车正在施工，车辆驾驶人应减速或变换车道行驶。移动性施工标志悬挂于工程车辆及机械之后部；本标志为黄底黑色图案、黑边框、反光，背面斜插色旗两面。

4.3.7　辅助标志

辅助标志是附设在主标志下起辅助说明作用的标志。其形状为矩形，颜色采用白底黑字（黑图案），黑边框。辅助标志可分为表示车辆种类、表示时间、表示区域或距离、表示警告和禁令理由等四种。辅助标志不能单独设置，图 4 - 12 所示为辅助标志示例。

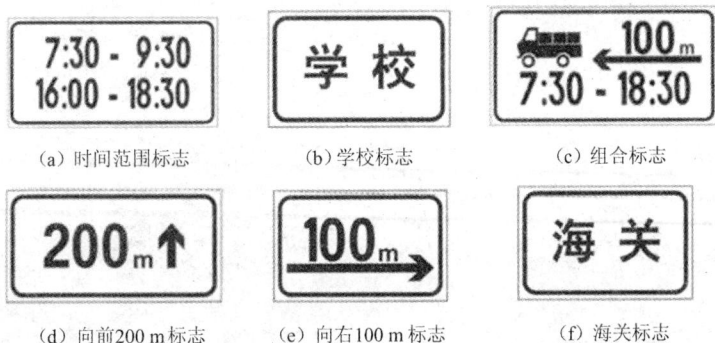

（a）时间范围标志　　　　（b）学校标志　　　　（c）组合标志

（d）向前 200 m 标志　　　　（e）向右 100 m 标志　　　　（f）海关标志

图 4 - 12　辅助标志示例

4.3.8 可变标志

可变信息标志是一种可以根据交通、道路、气候等状况的变化而改变显示内容的标志，多作为高等级公路、城市快速路上显示速度限制、车道控制、道路状况、交通状况、气象状况等信息的交通标志，图 4 – 13 所示为可变标志示例。

图 4 – 13　可变标志示例

复习与思考题

1. 试述我国公路有哪些类别，各等级划分的依据是什么。
2. 公路设计必须遵循的标准有哪些?
3. 设置交通信号灯的主要依据有哪些?
4. 试述道路交通标线的分类。
5. 简述道路主要构成要素对安全的影响。

第 5 章　环境与交通安全

5.1　道路景观与交通安全

现代道路景观包含的内容较多,道路不仅具有承载交通运输功能,而且能够为人们提供美好、舒适的视觉效果,并能与自然环境和社会环境相协调,体现社会文化内涵和文化价值。因此,如何规划、修建、管理公路与城市道路,满足道路的发展趋势与时代要求变得非常重要。

5.1.1　道路景观的协调性

道路景观按照不同的结合方式可以分为:道路线形要素的景观协调、道路与道路沿线的景观协调、道路与自然环境及社会环境的协调。道路景观所包括的具体内容见表 5 - 1。

表 5 - 1　道路景观内容

类型	具体形式	内容
道路线形要素 的景观协调	视觉上的协调	视觉上,平面线形和纵断面线形各自协调
	立体上的协调	平面线形与纵断面线形互相配合,形成立体线形
道路与道路沿线 的景观协调	行车道旁边的环境	中央分隔带的绿化;路肩、边坡的整洁等
	构造物环境	对跨线桥、立体交叉、电线杆、护栏、隧道进出口等的设计有一定的艺术特色,体现出一定的区域建筑特色
道路与自然环境及 社会环境的协调	道路与自然环境、 社会环境的协调	路线与沿线的线形、地质、古迹等的协调

修建公路要考虑对生态环境的影响及相应的改善道路景观的对策。例如,修建路堑时不仅要考虑地形、地质的稳定,还要考虑植物、动物的生态平衡和景观要求等因素。

道路使用者对道路景观的评价和建议,也可作为道路设计者的参考。因此,设计单位可以用道路模型、透视图、剪辑照片和三维模拟等给道路使用者观看以广泛征询意见,依据意见,进行必要的设计修改,力求道路设计造型新颖、美观。

桥梁、隧道等应按构造物景观学的观点,力求在设计上既与自然环境协调,又具有民族造型艺术的特点。

近年我国各大城市已开始重视街道景观建设，如通往名胜古迹、风景区的旅游公路，除需提高公路等级与安全设施外，沿线绿化、景观美化也列入了设计范围。

5.1.2 道路景观的安全作用

1. 道路

道路线形是影响道路景观的一个重要因素。

直线线形带有很明确的方向，给人以简洁明了之感，但直线线形道路从车行道或人行道的视线上看会比较单调、呆板，静观时路线缺乏动感，容易造成驾驶员注意力不集中，从而产生事故。

曲线线形流畅，具有动感，在曲线上行驶可以很清楚地判别方向变化，看清道路两侧景观，并可能在道路前方封闭视线形成优美的街景，有利于驾驶安全；而且曲线容易配合地形，同时可以绕越已有地物，在道路改造时容易结合现状。

纵断面线形对道路使用者视觉及街景变化也有影响，尤其凸形竖曲线对道路景观影响较大。在道路设计中尽可能采用较大的竖曲线半径，以避免产生街景的"驼峰点"，导致景观不连续，从而破坏道路空间序列，引起驾驶的不舒适感。

图 5-1 所示的道路线形设计合理，充分考虑了视距要求，驾驶员看到的曲线恰好落于视距矩形范围内，从而使驾驶员在不需要移动视线或转动头部的情况下即可充分了解道路及交通情况，同时也提高了行车舒适性，减少了行车疲劳和紧张感。

图 5-2 表示平曲线转角变大，部分曲线已落于矩形范围之外，导致驾驶员看到的路线不连续，为此必须移动视线或转动头部才能看清全部曲线上的道路及交通情况，这无疑增加了行车难度和危险性。

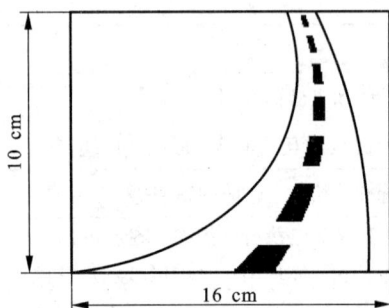

图 5-1　曲线全部落入清晰视距矩形范围内　　图 5-2　曲线部分落入清晰视距矩形范围外

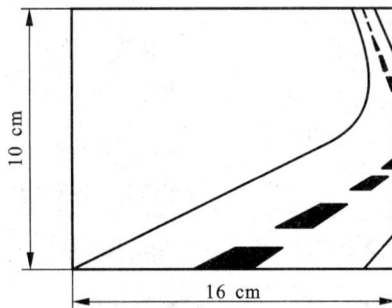

2. 绿化

道路景观由多种景观元素组成，各种景观元素的作用、地位都应当恰如其分。一般情况下绿化应与道路环境中的景观诸元素协调，应该让道路使用者从各方面来看都有良好的效果。有些道路绿化成了视线的障碍，使道路使用者看不清街道面貌，从街道景观元素协调来看就不适宜。绿化具有诱导视线、防眩、缓冲、遮蔽、协调、指路标记、保护坡面、沿线保护等安全功能。

如图 5 - 3 所示，在弯道中央分隔带种植树木，夜间行车时，能遮挡对向车灯光线，避免产生眩光。

图 5 - 3　种树防眩光

3. 建筑

一条道路的景观好坏，建筑是否与道路协调是最主要的因素，而建筑与道路宽度的协调则是关键。不同交通性质道路的建筑高度 H 与道路宽度 D 的比例关系不同。一般认为，当 $1 < D/H < 2$ 时，既具有封闭空间的能力，又不会有压迫感。在这种空间比例下的步行和驾车可取得一定的亲切感和热闹气氛，而且绿化为两侧建筑群体空间提供了一个过渡，使两侧高大建筑群之间产生了一种渐进关系，而避免了两侧建筑群体的空间离散作用。对于商业街，D/H 宜小，这样空间紧凑，显得繁华热闹；而居住区需要对建筑群有一定的观赏机会，这种比例就应大些；交通干道的道路宽度较大，建筑物的尺寸、体量也会较大，而且高低错落，这时可按低的建筑高度 $D/H = 1/4$ 来控制。这样可以看清建筑的轮廓线使人有和谐明朗的印象。

4. 照明

道路景观的亮化是指道路夜景的统一设计和道路两侧建筑立面的橱窗、景观灯、霓虹灯及绿化的地灯等统一设计，烘托建筑轮廓线，亮化道路的夜景观。千姿百态的路灯设施不仅照亮了城市，也美化了城市，五光十色的灯光形成了城市夜晚一道亮丽的风景线。照明除了给人好的视觉效果外，还具有安全功能，它可以指示道路方向、道路标记，但照明设计不好也会引发眩光，引起交通事故。同时，要注意节约能源和防止光污染。

5.2　气候条件与交通安全

气候条件与交通安全有着密切的关系。恶劣的天气条件会带来道路路面摩擦因数下降、驾驶员视线受阻、驾驶员心理变化较大等影响，容易导致交通事故。因此，研究气候条件对交通安全的关系，也可以有效控制交通事故，提高交通安全。

5.2.1　天气与气候

天气是指某个地方距离地表较近的大气层在短时间内的具体情况，如晴天、雨天、雪天、雾天等，与此相关的还包括气温高低、风力大小，天气的特点是多变。

气候是指某个地方多年的天气平均情况，是某个地区多年时段各种天气过程的综合表现，气候的特点是稳定。

5.2.2　恶劣天气与气候对交通安全的影响

天气与气候对道路交通安全的影响是明显的。不良的天气与气候特别是恶劣的天气和气候对行车安全的影响尤为明显与突出，如低温冰雪天气，因道路结冰就使道路交通事故明显增加。对于道路行车而言，恶劣气候主要是指阴雨天气(含大雨和暴雨天气)、降雪天气、大风天气、沙尘暴天气、大雾及雾霾天气、高温天气、低温天气等。

(1)阴雨天气尤其是大雨、暴雨使天气昏暗，能见度低，道路湿滑。该天气对驾驶员的影响是使其视线变暗，清晰度降低，导致驾车过程中对前方人、车和道路环境状况的判断准确性降低。

对行驶车辆的影响是：使车轮与地面的附着系数降低，附着力变小，制动效果变差，特别是在转弯或遇到紧急情况制动时易发生侧滑、跑偏、甩尾等现象而导致交通事故。此外，大雨暴雨天气还易引发山体滑坡，泥石流、道路塌陷、道路损坏以及路面积水等多种灾害而危及在行车辆的行车安全。

(2)降雪天气常因路面积雪产生冰冻现象，导致路面湿滑坚硬，使车辆行驶过程中因车轮与路面的摩擦因数降低，制动力变小而导致制动距离变长，在转弯或遇到紧急情况制动时容易发生侧滑、跑偏，并极易诱发多车连环追尾事故。

此外，降雪天气还使车辆起步和上坡时容易发生打滑，导致起步困难、上坡溜滑而引起事故。特别是架在地面之上的立交桥，高架桥路面，在低温和降雪天气较其他路面更容易结冰，车辆在此处行驶时更要特别小心，避免高速行驶、急转弯和紧急制动的操作。

(3)大风天气(如沿海地区的台风天气)对交通安全的影响如下：一是行驶中车辆的空气阻力明显增大，并随风力增大而对车辆的行驶稳定性造成破坏性的影响，如强力大风容易造成在行车辆侧滑、侧翻等类型交通事故。二是使摩托车驾驶员、自行车骑车人及行人在行进过程中对道路前方视野的观察能力降低，受大风影响骑车人容易偏离原行驶路线而左右摇晃，行进中左右摇晃的车辆极易与行进中的其他机动车发生碰撞事故，行人因躲避大风心理指向其注意力容易分散，导致观察不周而引发交通事故。

(4)大雾天气、沙尘暴天气对交通安全的影响也是明显的。因能见度低使驾驶员、行人可视距离变短，且使观察者对道路前方人、车、物和道路环境状况判断的准确性、及时性下降。特别是浓雾天气使能见度降低至几十米或百余米，极易在高速公路上引发多车追尾或相撞的恶性重大交通事故。这是需要所有驾驶员高度重视的。

实际中，沙尘暴天气常常伴随着沙尘漫天飞扬，空气混浊不清。大雾及雾霾天气因天空一片灰蒙蒙使水平能见度大大降低、视线不清。虽然大雾和雾霾看起来很难区别，但二者的形成机理完全不同：雾是空气中的水凝结成的小水珠悬浮与空气中而形成的；而霾是悬浮在大气中的大量微小尘粒、烟粒或盐粒的集合体。雾主要与空气中的湿度大小及相应的气象条件相关,而霾主要与空气污染状况有直接关系。

(5)高温天气因天气炎热,易使发动机"开锅",轮胎爆胎,或使驾驶员疲劳而产生睡意。特别是在中午时段,高温天气对人、对行驶车辆的影响最为突出。因此,在高温条件下,驾驶员最好避免中午时段开车,如果无法避免中午时段驾车(如城市公交车辆),驾驶员驾车之前务必注意休息。

(6)低温天气的特点是环境温度低并常常伴有积雪、结冰现象。在低温天气的条件下,除因道路积雪、结冰影响行车安全以外,还会因驾驶室内外温差过大使水蒸气凝固于风窗玻璃上形成薄雾而使风窗玻璃的透明度降低,影响驾驶员对前方人、车、物和道路环境状况的准确观察与判断。同时,低温天气也使驾驶员手脚的灵敏性降低,反应变得迟钝。这些都将直接对驾驶员的行车安全产生影响。

此外,在雨、雪、大雾、大风或沙尘暴的夜间行车,驾驶员因视线变暗及对光线尤其是对强光照射特别敏感,会产生视线盲区(即背光区),而视线盲区易使行驶车辆与其他车辆或道路旁构造物发生碰撞。

在恶劣气候条件下,要保证道路交通安全,无论是机动车驾驶员还是行人都需要格外小心,并采取相应的保护与预防措施。对于机动车驾驶员而言,需要针对不同的天气气候采取不同的应对措施,对于行人而言,则需要提高安全意识和自我防范技能。

5.2.3 天气突变对交通安全的影响

天气突变是指驾驶员在驾车过程中天气状况在较短的时间内发生了明显改变的情况,多指天气突然由好变坏的情况,如突然大雨倾盆、大雾四起、漫天沙尘飞扬等。

天气突变(变坏)对交通安全的影响,一方面是对驾驶员的视线产生不利影响,另一方面对驾驶员的情绪、心理状态产生负面影响继而影响驾驶状态。

实际中,无论是长途行车还是短途行车,当白天天气由好转坏时,对于驾龄较长、驾驶技术熟练的驾驶员的不利影响较小,但对于驾龄较短、驾驶技术不够娴熟的驾驶员的不利影响则会相对较大,且这种影响更多的是通过对驾驶员的情绪、心理状态产生负面影响继而影响驾驶状态。当驾驶员的情绪、心理状态变差时,一旦遇到突发事件就很容易引发交通事故,这在情绪型驾驶员身上表现得尤其突出。在夜间,上述影响对于驾龄较短、驾驶技术不够娴熟的驾驶员而言其影响更加突出。

因此,对于所有驾驶员而言,为保证行车安全,应注意在驾车过程中保持良好的心态,以将天气变化对自己的情绪、心理状态变化的影响降到最低。

5.3 交通环境对交通安全的影响

道路环境(道路条件、标志标线、气候条件、安全设施等)对交通安全有着明显的影响。改善道路条件,加强交通管理,完善交通设施,能够切实地减少交通事故发生的次数,降低交通事故伤亡人数,控制交通事故所带来的经济损失。

5.3.1　道路条件对交通安全的影响

1. 道路线形对交通安全的影响

为保证行车安全，道路几何线形应该流畅，行驶速度越快，路面本身在视觉透视图中所描绘的形状（即道路的线形），就越成为构成道路美观印象的控制因素。

2. 路面环境对交通安全的影响

良好的路面应当是宽度满足行车要求、坚实、平整、没有凹坑、耐磨、具有一定的抗滑性能的刚性或者柔性体。

1）平整度对行车安全的影响

平整度是路面表面相对于真正平面的竖向偏差，它是道路路基质量和路面质量的直接反映。路面平整度差的道路会加剧车辆磨损、增大燃油消耗、影响行车舒适性、降低行车速度、危及行车安全。

2）路面抗滑性能对行车安全的影响

路面抗滑性能指车辆轮胎受到制动时沿路面滑移所产生的力，通常被看为路面的表面特性，定义如下：

$$f = F \div P$$

式中：f——摩擦因数；

　　　F——作用于路面的摩擦力；

　　　P——垂直于路表面的荷载。

3）路面质量对交通安全的影响

水泥混凝土路面是一种刚性路面，其内在质量对交通安全有很大的影响。

3. 道路周围建筑、植物、集市对交通安全的影响

道路周围建筑物、植物对交通安全的影响主要有妨碍驾驶员和行人视线、造成视距不足、引发交通事故等。所以要定期的检查道路视线与视距情况，确保行车安全。

5.3.2　标志标线对交通安全的影响

(1)交通标志是将有关的交通管理法规条款用图形、文字、数字等形象化语言采用指示、警告、禁令、指路等特定标志设置于道路路侧或行车道上方的交通管理设施。而交通标线是将有关的交通管理法规条款用划线、图形、数字、文字等形象化符号嵌画于道路路面、路边缘石或路旁建筑物上用于指示、警告、禁令、指路的特定标志。

交通标线的作用与交通标志相同，也是交通道路管理不可缺少的部分。交通标线按设置方式分为纵向标线、横向标线、其他标线三类；按功能分为指示标线、禁止标线、警告标线三类，按形态分为线条标线、字符标志、突出路标和路边线轮廓标四类。

(2)我国主要的路面标线式样有：

①双向两车道道路中心线：用于分割对向行驶的交通流。

②车行道分界线：分割同向行驶的交通流。

③车道边缘线：表示车行道的边线。

④停止线：表示车辆等候放行信号的停车位置。

⑤让行线：停止让行线和减速让行线。

⑥人道横行线：准许行人横穿车行道的标线。

⑦导流线。

⑧停车位标线：表示车辆停放位置。

⑨出入口标线。

⑩导向箭头。

⑪左转弯导向线。

（3）目前我国在交通标志设置方面有以下突出问题：

①低等级公路标志设置不完善。在我国的城乡公路中，很多低等级公路在急弯、堵坡等路段缺乏必要的警告标志，更不用说对限速、禁止超车等交通行为的动态监管。在急弯、堵坡等路段基本警告标志的缺失会直接对行车安全构成威胁。

②高等级公路标志设置不规范、不到位。在一些高等级公路路段，驾驶员无法及时找到出入口，也就是经常所说的"进不来，出不去"。这里，"进不来"是指从城市或城乡接合部就近找不到上高等级公路的相应入口；而"出不去"是指在高等级公路上不知道从哪个出口出去，这种现象在一些大城市的中环、外环高等级公路上依然存在，这给初次进入某地区的驾驶员的正常行驶带来极大的不便。此外，有的交通标志还存在标志上所指示内容与该标志设置处的实际作用不相符合，如在出口处设置的标志上所标示的内容为入口指示内容。

道路上设置齐全的交通标志、交通标线，有利于保障交通秩序、提高道路通行效率、减少交通事故的发生。对于高速公路安全行车而言，交通标志的指示、指引作用尤为重要。随着道路交通流量的增大，交通标志、交通标线在保障车辆安全、畅通行驶方面的作用越来越重要。在交通标志、交通标线的设置方面，除了其本体的设计要科学以外，还需要重视交通标志，交通标线在道路沿线的合理设置。

5.3.3　道路安全设施对交通安全的影响

交通安全设施有以下几种类型：隔离设施、防护栏、行人过街设施。

1. 隔离设施

隔离设施：隔离对向的交通流，避免了对向车辆正面相撞和对向刮擦事故，在城市可通过阻止行人违章过街，降低 30% ~40% 的交通事故。

2. 防护栏

防护栏是防止行驶中的车辆因意外驶出路外或闯入对向车道而沿道路边缘或在分隔带上设置的一种安全防护设施。目前在高等级公路和城市道路上获得了广泛的应用，是一种重要的安全防护设施。防护栏的防护机理是：当在行车辆与刚性防护栏发生相撞时通过防护栏和车辆的弹性变形、摩擦、车体变位吸收车体碰撞能量，从而达到保护车内人员生命安全的目的。因此，防护栏也是一种被动的交通安全设施，主要通过分隔效应保障行进车辆、行人的安全。

1）防护栏分类

（1）防护栏按设置位置和保护对象的不同可分为路侧防护栏、中央分隔带防护栏、人行道防护栏、桥梁防护栏等。

路侧防护栏是指设置在公路路肩（或边坡）上用于防止失控车辆越出路外、保护路边构造物及其行人、动植物的设施。

中央分隔带防护栏是指设置在道路中间分隔带内用于防止在行车辆失控穿越分隔带闯入对向车道，保护分隔带内构造物的设施。从设置的要求看，中央分隔带防护栏主要是防止在行车辆因失控穿越中央带闯入对向车道而引发重大交通事故，所以中央分隔带防护栏的防撞标准尤其是中央带较窄时应高于路侧防护栏。

人行道防护栏是为了保证行人安全设置在危险路段的一种防护栏形式。这里危险路段是指如交通量大、人车需要严格分流的路段，行人可能跌入至深沟内的路段，车辆行驶过程中若驶出行车道将严重威胁行人安全的路段等。

桥梁防护栏是指为防止车辆、行人掉入桥下而设置于桥梁两侧的结构物。在桥梁两侧设置的防护栏形式即使与路侧防护栏形式相同，仍然称其为桥梁防护栏。

桥梁防护栏和桥梁杆是两种不同的结构物。前者的主要功能是防止车辆突破、下穿或翻越桥梁，后者的功能是防止行人和非机动车掉入桥下。

（2）防护栏按结构特点的不同可分为轻型防护栏和重型防护栏两类。轻型防护栏的车辆冲撞的阻止效果差，一般多用于限制行人通过。重型防护栏进一步又可分为刚性、半刚性、柔性三种。

刚性防护栏是一种抗防撞能力强、变形量很小的结构，如水泥墩。主要设置在需要严格阻止车辆越出路外，以免引起二次事故的路段。当在行车辆与刚性防护栏发生碰撞时，车辆会发生相应的变形，具体变形量的大小与车辆的行驶速度、相撞时的碰撞角度、自身强度等因素有关。

半刚性防护栏是一种连续的梁柱结构。当在行车辆与半刚性防护栏发生碰撞时，通过车辆与防护栏间的摩擦、车辆与地面间的摩擦以及车辆、土基和防护栏本身产生一定量的弹塑性变形吸收碰撞能量，延长碰撞过程的作用时间以降低失控车量的速度，迫使失控车辆改变行驶方向，以确保驾乘人员的安全，降低失控车辆的摧毁程度。半刚性防护栏主要设置在需要着重保护乘员安全的路段。

柔性防护栏是一种具有较大缓冲能力的韧性防护栏结构。如由数根施加张力的绳索固定于立柱上构成的绳索防护栏，或由有充气功能的胆管组成的立柱管构成的立柱防护栏等。柔性防护栏的结构特点是，当在行车辆与之发生相撞时，具有较大的缓冲能力的绳索或充气的立柱能在瞬间吸收碰撞能量，减弱撞击的力度，有效地保护车辆和驾乘人员的安全。

（3）防护栏按构造形式不同可分为型钢防护栏、钢管防护栏、箱梁式防护栏、钢缆防护栏、混凝土防护栏、隔离防护栏、隔离墩等。

型钢防护栏由立柱及安置于其上的波形断面金属横梁组成，故也称为波纹梁防护栏，是一种很常见的防护栏。当在行车辆不慎撞到波纹梁防护栏时一方面因横梁产生变形，吸收冲撞能量，同时也由于作用反力使车辆回复到原来的行驶轨道。波纹梁受到车辆冲击后虽然变形较大，但对防护栏而言损坏仅是局部性的，且更换方便。

钢管防护栏是以数根钢管（一般为 3~4 根）安置在立柱上。其功能与型钢防护栏相似，但其外观较型钢防护栏美观。钢管防护栏常用于城市街道上，限制行人跨越或显示人行道边界。

箱梁式防护栏由方形空心横梁及立柱组成。当受到在行车辆冲撞时，强度较低的立柱会发生弯曲，从而起到缓冲冲击的作用，而箱梁因强度较高不易变形起到阻挡车辆的作用。箱梁式防护栏可用于分隔带较窄的道路上，但在小半径的路段上不能设置。

　　刚缆防护栏是将数根钢缆绳预先施加张力后固定于立柱上。当受到在行车量冲撞时，一方面因钢缆绳的弹性吸收冲撞能量，与此同时也因弹性作用使车辆恢复到正常的行驶方向。钢缆防护栏特别适合长直线路段，在风景区道路上设置可增加美观效果。其缺点是不适合在小半径的路段上设置、施工较复杂，视线诱导性较差。

　　混凝土防护栏是以钢筋和混凝土为材料制成的防护栏，一般为钢筋混凝土墙式结构。主要设置于桥梁、高架道路及山区危险道路的边缘以防止车辆冲出路，也可以设置在中央分隔带上以阻止车辆驶入对向车道。混凝土防护栏具有分隔效果好、费用低的特点，但易对在行车辆驾驶员心理形成一定的压迫感。

　　2）不同类型防护栏的作用

　　根据在道路上设置位置和结构的不同，防护栏也可分为路中防护栏、栏杆、行人防护栏、栏式缘石、护柱、墙式防护栏等多种形式。

　　路中防护栏当设置于行车道之间时起分隔车流、引导车辆行驶、保证行车安全之作用，当设置于道路中央时则主要起阻止车辆驶入对方行车道之作用。因此，路中防护栏因满足防撞（防止车辆碰撞）、防跨（防止行人跨越）的要求。其形式有栏式缘石、混凝土隔离墩式、金属材料栅栏式等。

　　道路上桥梁两旁的栏杆属于桥上安全设施，对行进中的车辆、行人起安全保护作用。对桥梁两旁栏杆的第一要求是坚固，并兼顾美观。实际中，栏杆和扶手常用钢筋混凝土、钢管、花岩岗石材料制成。

　　行人防护栏是为了控制行人横穿马路，防止行人走上车行道，或防止车辆控制失灵闯入人行道而设置于行车道和人行道之间的隔离栏杆。一般安装在车行道车辆行驶方向（对于方向盘位于驾驶室的左边而言）的右侧边，高出地面 90 cm 左右。行人防护栏在结构上通常不考虑车辆碰撞问题，一般做成栅栏状或网状结构。

　　设置于街道和桥梁两侧的栏式缘石主要用于禁止或阻止车辆驶出路面，其高度一般为 15~225 cm。围绕桥台或护墙设置的栏式缘石是为了对桥台或护墙起保护作用；在较窄的中央分隔带四周设置的栏式缘石是防止汽车驶入中央分隔带内。

　　护柱是指在急坡、堵坡、悬崖、桥头、高路基处以及过水路面靠近道路边缘设置的安全设施。其作用是诱导驾驶员的视线，引起其警惕。护柱多用钢筋混凝土或石料制成，间距 2~3 m，高出地面 80~120 cm，外表涂以红白相间的颜色。

　　墙式防护栏是在指在地形险峻路段的路肩土墙顶或缘石路基边缘上设置的整体式安全墙，用于片（条）石（干）砌成或用混凝土浇筑而成的安全设施。其作用是引起驾驶员的警惕，防止车辆驶出路肩。若墙墩为间断式则称为墩式防护栏或防护栏墩；若强顶有柱，则称为横式防护栏柱。

　　路侧安全设施的发展方向是，准确地设置和维护路侧安全设施是要优先考虑的问题，这和安全设施的复杂性密切相关；不断将新材料应用于路侧安全的设计中，如合成材料、高强度混凝土、可回收橡胶和塑料等，防护栏设计要保证在野外性能的前提下提高成本效益；碰撞试验条件要符合实际行车情况；发展野外性能评估程序，对防护设施进行恰当的评估。

　　3. 行人过街设施

　　人行天桥和过街隧道与中央隔离设施，结合使用，才能发挥正常作用。行人过天桥较直接穿越时间短，车流量大，车头时距短，地下通道穿越时间不大于直接穿越道路时间的 20%。

1）人行横道

人行横道是指在车道上用斑马线等标线或其他方法标示的、规定行人横穿车道的步行范围。车行道上人行道上的斑马线通常用白色涂料划出。

行人需要过马路时，若随意穿行势必会与道路上的在行车辆发生冲突，这既危及行人生命安全，同时也影响车辆的正常行驶。为此，道路交通管理部门根据道路上交通车流量、行人量大小的不同在一些重要路段设置了人行横道标线，交通信号控制、安全岛、人行天桥、地下通道等不同安全设施，以方便行人安全过马路。

在设有人行天桥、地下通道的地方，只要行人过马路时遵守交通法规走人行天桥、地下通道，其安全性为 100%；在未设置人行天桥、地下通道而仅设置有人行横道标线、交通信号控制、安全岛的地方，行人过马路时的安全性显然低于 100%，即存在着相对危险性。设行人在有人行横道标线、交通信号控制、安全岛处过马路的相对危险程度为 1.00，行人在几种具有不同安全设施状况条件下过马路时的相对危险程度统计如表 5-2 所示。

由表 5-2 可知，在行人交通安全意识一定的条件下，随着过马路时安全设施状况条件的变差，行人过马路时的危险程度明显提高。在无人行横道标线、也无交通信号控制时过马路的相对危险程度比在有人行横道标线、交通信号控制、安全岛等安全设施条件过马路的相对危险程度高 1.78 倍。因此，加强和规范行人过马路时的交通安全设施建设，对于保障行人交通安全、规范行人过马路时的交通秩序具有积极意义。

表 5-2　具有不同安全设施状况条件下行人过马路时的相对危险程度统计

过马路时的安全设施状况	危险程度	过马路时的安全设施状况	危险程度
有人行横道标线、交通信号控制	1.00	有人行横道标线、但无人专门管理	2.47
有人行横道标线、交通信号控制	1.47	无人行横道标线、无交通信号控制	2.78

人行横道标线的设置，应根据道路上高峰时车流量、行人量的大小等相关因素综合考虑确定。对于沿途行人较多的路段，两条人行横道标线之间的间距，不超过 300~400 m 为宜。在下述特殊地点，必须设置醒目的交通警告或引导类交通标志：

（1）在不易被驾驶员发现的人行横道标线前，应设置"注意行人"标志；

（2）小学、幼儿园、少年宫等儿童经常出入的地点前，必须设置"注意儿童"标志；

（3）在经常有非机动车出入、横穿的路段或机动车跨越非机动车车道的地点前，需设置"注意非机动车"标志；

（4）在行人流量较大的地点，必须设置标明"过街天桥""地下通道"等引导标志。

特别是城市、城市街道上的学校、幼儿园、医院、养老院门前的道路未设置行人过街设施的，应当尽快施画人行横道线，设置提示标志。城市主要道路的人行道，应当按照规划设置盲道，盲道的设置应符合国家标准。

对于行人、骑车人而言，行人通过路口或者横过道路时应当走人行横道或者过街设施；通过有交通信号灯的人行横道，应当按照交通信号灯的指示通行；通过没有指示信号灯、人行横道的路口，或者在没有过街设施的路段横过道路时，应当在确认安全后再通过。行人不得跨越、倚坐道路隔离设施，不得扒车、强行拦车或者实施妨碍道路交通安全的其他行为。对于机动车驾驶人而言，机动车行经没有交通信号的道路时，遇行人横过道路时应当避让，不可与行人抢行。

2）交通岛

交通岛是指为控制车辆行驶方向和保障行人安全，在两车道之间设置的且车辆不能使用的高出路面的岛状设施。根据交通岛的功能差异，交通岛可分为导流岛、分隔岛、安全岛三种形式。其中，导流岛是为指示、规定左右转弯等交通方向而设置的岛；分隔岛是为分离同向或对向的交通（主要是直行交通流）而设置的岛；安全岛也称庇护岛，是为行人提供安全庇护空间设置的岛。对于具体的交通岛，其可能兼顾有上述三种类型的一种或多种功能。

在一条道路上当机动车车行道数目较多时，如果在道路中央不设行人安全岛，当许多行人在行人绿灯信号内不能走到马路对面时，在下一个行人红灯信号内就只能停在车流中间，或者在密集的车流中强行通过，这样很容易引发交通事故。对于行走缓慢的老人、儿童、残疾人，过街的危险程度就更大，因此，设置安全岛的作用就是引导车辆按一定的运行路线和方向行驶，为在一个行人绿灯信号内未能过街的行人提供一个相对安全的空间，以防止交通事故的发生。供行人二次过街的安全岛不仅可以提高行人过街的安全性，同时又能提高人行横道的通过能力，是缓解行人过街困难的一种有效措施。

在道路中央设置行人安全岛，可以把行人过街的活动分为两个过程，每个过程所需穿越的车流量比不设安全岛时减少一半。行人可以在安全岛作短暂的停驻，减少了暴露在车流中的时间，降低了发生事故的可能性。

《城市道路交通规划设计规范》（GB 50220—95）中规定：当道路宽度超过 4 条机动车道时，人行横道应在车行道的中央分隔带或机动车道之间的分隔带上设置行人安全岛。对于我国大中城市交通繁忙地带的灯控交叉路口，若路面宽度大于 15 m，且无条件修建人行天桥或地道，可以在道路中央设置行人安全岛，供行人二次过街。一般情况下，岛的实体宽度为1.5 ~ 2 m，在尚有少量自行车的情况下，宽度宜增大到 2.0 ~ 3.0 m。

安全岛的形状有三角形、月牙形、带形或其他不规则形状。在道路中央设置的行人安全岛应醒目，以使在行车辆驾驶员和行人都可准确辨别。为此，可采用增强照明亮度、岛上绿化、设压道及视线引导装置等措施提高行人安全岛的视认性。

复习与思考题

1. 直线形为什么不是理想的道路线形？
2. 你认为实现良好的道路交通秩序的措施有哪些？
3. 简述交通信号灯、交通标线、防护栏等交通设施的作用。
4. 气候条件是怎样影响行车安全的？
5. 安全岛有哪些类型？其作用是什么？
6. 如何在恶劣的环境下保证行车安全？

第6章 管理与交通安全

《道路交通安全法》第五条规定，国务院公安部门负责全国道路交通安全管理工作。县级以上地方各级人民政府公安机关交通管理部门负责本行政区域内道路交通安全管理工作。

6.1 机动车的管理

为实施对现代化交通工具的有效管理，保证道路交通活动的安全进行，国家授权公安机关的车辆管理部门依据有关法律、法规、标准和政策，对机动车辆进行确认、登记、检验、发牌、发证以及强制报废等管理工作，并对相关行业在规定范围内实施安全监督。

6.1.1 车辆牌证制度

对准予在道路上行驶的机动车辆，有条件地发给号牌、行驶证和机动车登记证书，并以车辆牌证的核发和管理为手段，对车辆使用的全过程进行安全监督和安全管理。

1. 机动车号牌

机动车号牌是准予机动车在我国境内道路上行驶的法定标志，具有统一的规格和式样，根据号牌编码可以方便地识别、检查、监督机动车辆，查缉交通违法和肇事逃逸人员，民用车辆号牌由公安机关的车辆管理部门核发。

2. 机动车行驶证

机动车行驶证是由公安机关车辆管理部门核发的，记载机动车基本情况，准予其在我国境内道路上行驶的法定证件。记录内容主要有本车号牌编码、发动机号、车架号、核定载客与载货量等资料，必须随车携带。

3. 机动车登记证书

机动车的登记证书是机动车办理了登记的证明文件，记载《机动车登记规定》的登记事项（图6-1）。

6.1.2 车辆登记制度

机动车登记是指公安机关的车辆管理部门依法对我国民用机动车辆的车主、住址、电话、单位代码、居民身份证、车辆类型、厂牌型号以及车辆技术参数和车辆变更、转移、抵押、注销等情况所实行的记录手续。机动车登记的种类有：①注册登记；②变更登记；③转移登记；④抵押登记；⑤注销登记。

图 6-1 机动车登记书

1. 注册登记

新车必须到机动车登记机构办理注册登记手续，建立该车档案，方可领取机动车牌证。办理注册登记需携带下列资料：①机动车所有人的身份证明；②购车发票等机动车来历证明；③机动车整车出厂合格证明或者进口机动车进口凭证；④车辆购置税完税证明或者免税凭证；⑤机动车第三者责任强制保险凭证；⑥法律、行政法规规定应当在机动车注册登记时提交的其他证明、凭证，向车辆管理所申请注册登记，填写《机动车注册登记申请表》，交验车辆。车辆管理所自受理之日起五个工作日内，完成资料审核、车辆检验等工作。对符合规定者，确定机动车登记编号，建立机动车档案，核发牌证。

2. 变更登记

已注册登记的机动车有下列情形之一的，机动车所有人应当向登记该机动车的公安机关交通管理部门申请变更登记：①改变机动车车身颜色的；②更换发动机的；③更换车身或者车架的；④因质量有问题，制造厂更换整车的；⑤营运机动车改为非营运机动车或者非营运机动车改为营运机动车的；⑥机动车所有人的住所迁出或者迁入公安机关交通管理部门管辖区域的。

3. 转移登记

已注册登记的机动车，在通过交易、继承、赠予、协议抵偿债务、行政执法部门依法没收并拍卖、人民法院裁定、判决等形式使所有权发生转移的，应当及时办理转移登记。

4. 抵押登记

已注册登记的机动车，其所有人需将机动车作为抵押物，机动车所有人和抵押权人必须共同向车辆管理机关申请办理抵押登记。

5. 注销登记

当机动车遇报废、失窃等情况时，需到公安机关的车辆管理部门办理注销登记手续。

6.1.3　车辆检验制度

为了确保交通安全，机动车安全技术检验机构根据法律、法规和标准的规定，对机动车辆进行定期与不定期的安全技术检验。经检验合格的车辆，取得安全技术检验合格证明。机动车检验合格标志应当粘贴在机动车前窗右上角，无该标志的车辆不准上道路行驶。

1. 初次检验

申请机动车登记时，应当接受对该机动车的安全技术检验。但是，经国家机动车产品主管部门依据机动车国家安全技术标准认定的企业生产的机动车型，该车型的新车在出厂时经检验符合机动车国家安全技术标准，获得检验合格证的，免予安全技术检验。

2. 定期检验

对登记后上道路行驶的机动车，应当依照法律、行政法规的规定，根据车辆用途、载客载货数量、使用年限等不同情况，定期进行安全技术检验：

（1）营运载客汽车5年以内每年检验1次；超过5年的，每6个月检验1次；

（2）载货汽车和大型、中型非营运载客汽车10年以内每年检验1次；超过10年的，每6个月检验1次；

（3）小型、微型非营运载客汽车6年以内每2年检验1次；超过6年的，每年检验1次；超过15年的，每6个月检验1次；

（4）摩托车4年以内每2年检验1次；超过4年的，每年检验1次；

（5）拖拉机和其他机动车每年检验1次。

6.1.4　车辆强制报废制度

国家实行机动车强制报废制度，根据机动车的安全技术状况和不同用途，规定不同的报废标准。9座（含）以下非营运轿车、越野车、轻型小客车、轻微型旅行车等使用年限为15年。载货汽车使用年限为10年。部分车辆达到报废年限后可需继续使用，但要增加每年定期检验次数。

属下列情况之一的应当报废：因各种原因造成车辆严重损坏或技术状况低劣，无法修复的；经修理和调整仍达不到国家对机动车运行安全技术条件要求的，经修理和调整或采用排气污染控制技术后，排放污染物仍超过国家规定的汽车排放标准的。

6.1.5　车辆强制保险制度

国家实行机动车第三者责任强制保险制度，通过国家法律强制机动车所有人或管理人购买机动车交通事故责任强制险（简称交强险），为可能出现的交通事故受害人提供及时和基本的保障。保险标志应当粘贴在机动车前窗右上角，无该标志的车辆不准上道路行驶。

6.2　驾驶人的管理

机动车驾驶人，是指根据本人自愿，年龄、体检及其他条件审核合格，由公安机关的车辆管理部门考核合格，准许驾驶某一种或几种车型的机动车辆，并持有公安车辆管理机关核发的机动车驾驶证的人员。

6.2.1 机动车驾驶证

驾驶证是证明驾驶员具有某种机动车驾驶资格的法定证件,驾驶机动车必须依法取得机动车驾驶证。机动车驾驶证按管辖归属的不同,分为民用机动车驾驶证、军用机动车驾驶证及武警机动车驾驶证三种,它们分别由公安、军队、武警车辆管理机关核发和管理。机动车驾驶证的式样如图6-2所示。

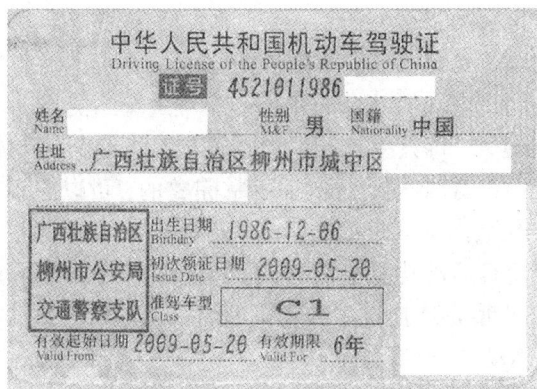

图6-2 机动车驾驶证的式样

6.2.2 驾驶证的申领

初次申请机动车驾驶证的,应当填写《机动车驾驶证申请表》,并提交以下证明:①申请人的身份证明(居民身份证、暂住证等);②县级或者部队团级以上医疗机构出具的有关身体条件的证明。申请增加准驾车型的,除填写《机动车驾驶证申请表》,提交上条规定的证明外,还应当提交所持机动车驾驶证。

1.申领者的年龄条件

(1)申请小型汽车、小型自动挡汽车、残疾人专用小型自动挡载客汽车、轻便摩托车准驾车型的,在18周岁以上、70周岁以下。

(2)申请低速载货汽车、三轮汽车、普通三轮摩托车、普通二轮摩托车或者轮式自行机械车准驾车型的,在18周岁以上,60周岁以下。

(3)申请城市公交车、大型货车、无轨电车或者有轨电车准驾车型的,在20周岁以上,50周岁以下。

(4)申请中型客车准驾车型的,在21周岁以上,50周岁以下。

(5)申请牵引车准驾车型的,在24周岁以上,50周岁以下。

(6)申请大型客车准驾车型的,在26周岁以上,50周岁以下。

(7)接受全日制驾驶职业教育的学生,申请大型客车、牵引车准驾车型的,在20周岁以上,50周岁以下。

2. 申领者的身体条件

(1)身高：申请大型客车、牵引车、城市公交车、大型货车、无轨电车准驾车型的，身高为155 cm以上。申请中型客车准驾车型的，身高为150 cm以上；

(2)视力：申请大型客车、牵引车、城市公交车、中型客车、大型货车、无轨电车或者有轨电车准驾车型的，两眼裸视力或者矫正视力达到对数视力表5.0以上；申请其他准驾车型的，两眼裸视力或者矫正视力达到对数视力表4.9以上。单眼视力障碍，优眼裸视力或者矫正视力达对数视力表5.0以上，且水平视野达到150°的，可以申请小型汽车、小型自动挡汽车、低速载货汽车、三轮汽车、残疾人专用小型自动挡载客汽车准驾车型的机动车驾驶证。

(3)辨色力：无红绿色盲。

(4)听力：两耳分别距音叉50 cm能辨别声源方向。有听力障碍但佩戴助听设备能够达到以上条件的，可以申请小型汽车、小型自动挡汽车准驾车型的机动车驾驶证。

(5)上肢：双手拇指健全，每只手其他手指必须有三指健全，肢体和手指运动功能正常。但手指末节残缺或者左手有三指健全，且双手手掌完整的，可以申请小型汽车、小型自动挡汽车、低速载货汽车、三轮汽车准驾车型的机动车驾驶证。

(6)下肢：双下肢健全且运动功能正常，不等长度不得大于5 cm。但左下肢缺失或者丧失运动功能的，可以申请小型自动挡汽车准驾车型的机动车驾驶证。

(7)躯干、颈部：无运动功能障碍；

(8)右下肢、双下肢缺失或者丧失运动功能但能够自主坐立，且上肢符合本项第(5)条规定的，可以申请残疾人专用小型自动挡载客汽车准驾车型的机动车驾驶证。一只手掌缺失，另一只手拇指健全，其他手指有两指健全，上肢和手指运动功能正常，且下肢符合本项第(6)条规定的，可以申请残疾人专用小型自动挡载客汽车准驾车型的机动车驾驶证。

3. 不得申请驾驶证的几种情形

(1)有器质性心脏病、癫痫病、美尼尔氏症、眩晕症、分离性障碍、震颤麻痹、精神病、痴呆症以及影响肢体活动的神经系统疾病等妨碍安全驾驶疾病的。

(2)三年内有吸食、注射毒品行为或者解除强制隔离戒毒措施未满三年，或者长期服用依赖性精神药品成瘾尚未戒除的。

(3)造成交通事故后逃逸构成犯罪的。

(4)饮酒后或者醉酒驾驶机动车发生重大交通事故构成犯罪的。

(5)醉酒驾驶机动车或者饮酒后驾驶营运机动车依法被吊销机动车驾驶证未满五年的。

(6)醉酒驾驶营运机动车依法被吊销机动车驾驶证未满十年的。

(7)因其他情形依法被吊销机动车驾驶证未满二年的。

(8)驾驶许可依法被撤销未满三年的。

(9)法律、行政法规规定的其他情形。

6.2.3 驾驶人的计分管理

根据《道路交通安全法》规定的累积记分制度，公安机关交通管理部门对驾驶员违反道路交通安全法律、法规的行为除依法给予行政处罚外，还记录下其违法行为的相应分值，对累计达到一定分值的驾驶员进行教育和考试，对模范遵守交通法规的驾驶员予以奖励。一次记分的分值，依据道路交通安全违法行为的严重程度，分为12分、6分、3分、2分、1分五种。

驾驶员一次有两种以上道路交通安全违法行为的，应当分别计算，累加分值。地方法规、规章设定的违法记分分值，只适用于本地驾驶员。

记分以 12 个月为周期，从驾驶员初次领取驾驶证之日算起。在一个记分周期内积分达到 12 分的，由公安机关交通管理部门扣留其机动车驾驶证，该驾驶员应在十五日内到机动车驾驶证核发地或者违法行为地公安机关交通管理部门接受为期 7 天的道路交通安全法律、行政法规和相关知识的教育并进行考试。考试合格的，发还其机动车驾驶证。在一个记分周期内两次以上达到 12 分的，还要参加道路驾驶技能考试。一个记分周期期满后，记分分值累加未达到 12 分，所处罚款已经缴纳的，记分予以清除。记分虽未达到 12 分，但尚有罚款未缴纳的，记分转入下一记分周期。

驾驶员对道路交通安全违法行为处罚不服，申请行政复议或者提起行政诉讼后，经依法裁决变更或者撤销原处罚决定的，相应记分分值予以变更或者撤销。

1. 记 12 分违章行为

机动车驾驶员有下列违章行为之一的，一次记 12 分：

(1) 驾驶与准驾车型不符的机动车的；

(2) 饮酒后驾驶机动车的；

(3) 驾驶营运客车 (不包括公共汽车)、校车载人超过核定人数 20% 以上的；

(4) 造成交通事故后逃逸，尚不构成犯罪的；

(5) 上道路行驶的机动车未悬挂机动车号牌的，或者故意遮挡、污损、不按规定安装机动车号牌的；

(6) 使用伪造、变造的机动车号牌、行驶证、驾驶证、校车标牌或者使用其他机动车号牌、行驶证的；

(7) 驾驶机动车在高速公路上倒车、逆行、穿越中央分隔带掉头的；

(8) 驾驶营运客车在高速公路车道内停车的；

(9) 驾驶中型以上载客载货汽车、校车、危险物品运输车辆在高速公路、城市快速路上行驶超过规定时速 20% 以上或者在高速公路、城市快速路以外的道路上行驶超过规定时速 50% 以上，以及驾驶其他机动车行驶超过规定时速 50% 以上的；

(10) 连续驾驶中型以上载客汽车、危险物品运输车辆超过 4 小时未停车休息或者停车休息时间少于 20 分钟的；

(11) 未取得校车驾驶资格驾驶校车的。

2. 记 6 分违章行为

机动车驾驶员有下列违章行为之一的，一次记 6 分：

(1) 机动车驾驶证被暂扣期间驾驶机动车的；

(2) 驾驶机动车违反道路交通信号灯通行的；

(3) 驾驶营运客车 (不包括公共汽车)、校车载人超过核定人数未达 20% 的，或者驾驶其他载客汽车载人超过核定人数 20% 以上的；

(4) 驾驶中型以上载客载货汽车、校车、危险物品运输车辆在高速公路、城市快速路上行驶超过规定时速未达 20% 的；

(5) 驾驶中型以上载客载货汽车、校车、危险物品运输车辆在高速公路、城市快速路以外的道路上行驶或者驾驶其他机动车行驶超过规定时速 20% 以上未达 50% 的；

(6)驾驶货车载物超过核定载质量30%以上或者违反规定载客的；

(7)驾驶营运客车以外的机动车在高速公路车道内停车的；

(8)驾驶机动车在高速公路或者城市快速路上违法占用应急车道行驶的；

(9)低能见度气象条件下，驾驶机动车在高速公路上不按规定行驶的；

(10)驾驶机动车运载超限的不可解体的物品，未按指定的时间、路线、速度行驶或者未悬挂明显标志的；

(11)驾驶机动车载运爆炸物品、易燃易爆化学物品以及剧毒、放射性等危险物品，未按指定的时间、路线、速度行驶或者未悬挂警示标志并采取必要的安全措施的；

(12)以隐瞒、欺骗手段补领机动车驾驶证的；

(13)连续驾驶中型以上载客汽车、危险物品运输车辆以外的机动车超过4小时未停车休息或者停车休息时间少于20分钟的；

(14)驾驶机动车不按照规定避让校车的。

3.记3分违章行为

机动车驾驶员有下列违章行为之一的，一次记3分：

(1)驾驶营运客车(不包括公共汽车)、校车以外的载客汽车载人超过核定人数未达20%的；

(2)驾驶中型以上载客载货汽车、危险物品运输车辆在高速公路、城市快速路以外的道路上行驶或者驾驶其他机动车行驶超过规定时速未达20%的；

(3)驾驶货车载物超过核定载质量未达30%的；

(4)驾驶机动车在高速公路上行驶低于规定最低时速的；

(5)驾驶禁止驶入高速公路的机动车驶入高速公路的；

(6)驾驶机动车在高速公路或者城市快速路上不按规定车道行驶的；

(7)驾驶机动车行经人行横道，不按规定减速、停车、避让行人的；

(8)驾驶机动车违反禁令标志、禁止 标线指示的；

(9)驾驶机动车不按规定超车、让行的，或者逆向行驶的；

(10)驾驶机动车违反规定牵引挂车的；

(11)在道路上车辆发生故障、事故停车后，不按规定使用灯光和设置警告标志的；

(12)上道路行驶的机动车未按规定定期进行安全技术检验的。

4.记2分违章行为

机动车驾驶员有下列违章行为之一的，一次记2分：

(1)驾驶机动车行经交叉路口不按规定行车或者停车的；

(2)驾驶机动车有拨打、接听手持电话等妨碍安全驾驶的行为的；

(3)驾驶二轮摩托车，不戴安全头盔的；

(4)驾驶机动车在高速公路或者城市快速路上行驶时，驾驶人未按规定系安全带的；

(5)驾驶机动车遇前方机动车停车排队或者缓慢行驶时，借道超车或者占用对面车道、穿插等候车辆的；

(6)不按照规定为校车配备安全设备，或者不按照规定对校车进行安全维护的；

(7)驾驶校车运载学生，不按照规定放置校车标牌、开启校车标志灯，或者不按照经审核确定的线路行驶的；

（8）校车上下学生，不按照规定在校车停靠站点停靠的；

（9）校车未运载学生上道路行驶，使用校车标牌、校车标志灯和停车指示标志的；

（10）驾驶校车上道路行驶前，未对校车车况是否符合安全技术要求进行检查，或者驾驶存在安全隐患的校车上道路行驶的；

（11）在校车载有学生时给车辆加油，或者在校车发动机引擎熄灭前离开驾驶座位的。

5. 记 1 分违章行为

机动车驾驶员有下列违章行为之一的，一次记 1 分：

（1）驾驶机动车不按规定使用灯光的；

（2）驾驶机动车不按规定会车的；

（3）驾驶机动车载货长度、宽度、高度超过规定的；

（4）上道路行驶的机动车未放置检验合格标志、保险标志，未随车携带行驶证、机动车驾驶证的。

6.2.4　驾驶人的定期审核

审验是公安机关的车辆管理部门对机动车驾驶人定期进行的能否继续保持驾驶资格的审查。

换发机动车驾驶证时，公安机关交通管理部门应当对机动车人进行审验。车辆管理所办理审验时，需要审验的主要事项为是机动车驾驶人的身体条件和累积记分情况。

6.3　交通违法行为的处理

道路交通安全违法行为是指交通参与者违反道路交通安全法律、法规，扰乱道路交通安全秩序，妨碍道路交通安全和畅通，侵犯公民交通权益的行为。为教育违法行为人，震慑后继者，对公民、法人或其他组织的道路交通安全违法行为，公安机关的交通管理部门将依法给予行政处罚，并可能采取必要的行政强制措施。

6.3.1　行政处罚

行政处罚是指公安机关交通管理部门在执法过程中，依据《道路交通安全法》《道路交通安全违法行为处理程序规定》等法律、法规和规章，对道路交通安全违法行为人所实施的行政制裁措施。对交通警察执勤、执法中当场发现的违法行为的处罚由违法行为地的公安机关交通管理部门管辖。对交通技术监控资料记录的违法行为的处罚可以由违法行为地或者机动车号牌核发地的公安机关交通管理部门管辖。

1. 处罚的种类

根据《道路交通安全法》第八十八条规定，对道路交通安全违法行为的处罚主要有：①警告；②罚款；③暂扣机动车驾驶证；④吊销机动车驾驶证；⑤行政拘留。

2. 处罚的权限

罚款或者暂扣机动车驾驶证的，由县级以上公安机关交通管理部门作出处罚决定。吊销机动车驾驶证的，由地、市或者相当于同级的公安机关交通管理部门作出处罚决定。行政拘留的,由县、市公安局、公安分局或者相当于县一级的公安机关作出处罚决定。

3. 处罚的程序

处以 200 元以下罚款、被处罚人没有异议的,由交通警察当场作出处罚决定,适用简易程序(图 6-3 所示为简易程序处罚决定书样图)。被处罚人有异议,或处 200 元以上罚款、暂扣及吊销机动车驾驶证的,应当进行调查,收集证据,并按一般程序作出处罚决定。

ＸＸ市公安局交通警察支队ＸＸ大队

公安交通管理简易程序处罚决定书

编号:

被处罚人 **陈ＸＸ** 机动车驾驶证档案编号:3 5 ⊠ ⊠ ⊠ ⊠ ⊠ ⊠ ⊠

机动车驾驶证/居民身份证号码:3 5 ⊠ ⊠ ⊠ ⊠ ⊠ ⊠ ⊠ ⊠ ⊠ ⊠ ⊠ ⊠ ⊠ ⊠ ⊠

准驾车型: A2 联系方式:1390ＸＸＸＸＸＸＸ 车辆牌号:闽JＸＸＸＸＸ

车辆类型:小型客车 发证机关: 福建 省(区、市) 宁德 市

被处罚人于 200Ｘ 年 Ｘ 月 Ｘ 日 Ｘ 时 Ｘ 分,在 XX线 10 千米+500 米实施驾驶机动车违反禁止标线指示的违法行为(代码 1230)违反了

☑《道路交通安全法》第 38 条第____款第____项的规定;

☐《道路交通安全法实施条例》第__条第__款第____项的规定;

☐《福建省实施〈中华人民共和国道路交通安全法〉办法》第__条第___款第___项的规定。

根据《道路交通安全法》第____条第____款第____项和《福建省实施〈中华人民共和国道路交通安全法〉办法》第 69 条第__款第(一)项,决定处以:

☐警告 ☑壹佰伍拾元罚款。

☐当场缴纳罚款 ☑持本决定书在 15 日内到 XX 银行缴纳罚款。逾期不缴纳的,每日按罚款数额的 3%加处罚款。

如不服本决定,可以在收到本决定书之日起 60 日内向 XX 市公安局或 XX 市人民政府申请行政复议;或者在 3 个月内向 XX 市 XX 区人民法院提起行政诉讼。

处罚地点:XX 线 10 千米+500 米

交通警察(盖章或签名):林 XX(公安机关交通管理部门盖章)

20XX 年 XX 月 XX 日

被处罚人签名:陈 XX 20XX 年 XX 月 XX 日

备注:_____

图 6-3 简易程序处罚决定书样图

1)简易程序

(1)出示证件,表明身份。

(2)查明并确定违法事实。

（3）口头告知。

（4）听取当事人的陈述申辩，并复核记录在案。

（5）制作《公安交通管理简易程序处罚决定书》。

（6）当场交付，并告知当事人救济权利。

（7）罚款交纳。

（8）备案。

2）一般程序

（1）受理、立案。

（2）书面通知。

（3）调查取证。

（4）告知。

（5）陈述、申辩与复核。

（6）听证（吊销机动车驾驶证，高额罚款）。

（7）作出公安交通管理行政处罚决定。

（8）送达。

4. 处罚的执行

（1）罚款：交通警察当场收缴，开具省、自治区、直辖市财政部门统一制发的罚款收据；或在收到行政处罚决定书之日起十五日内，到指定银行缴纳。

（2）暂扣机动车驾驶证：对非本辖区机动车驾驶人，在作出处罚决定后十五日内，将公安交通管理转递通知书和机动车驾驶证转至核发地车辆管理所。违法行为人要求不将机动车驾驶证转至核发地车辆管理所的，应当准许，并在行政处罚决定书（图6-4）上注明。

（3）吊销机动车驾驶证：在作出处罚决定后十五日内，将公安交通管理转递通知书和机动车驾驶证转至核发地车辆管理所。

6.3.2 行政强制措施

交通警察在执法过程中，因制止违法行为、避免危害发生、防止证据灭失的需要或者机动车驾驶人累积记分满12分的情况下，可以依法采取行政强制措施。它是针对交通安全违法行为人的财物进行临时约束或处置的限权性强制行为。

1. 行政强制措施的种类

（1）扣留车辆。

（2）扣留机动车驾驶证。

（3）拖移机动车。

（4）收缴非法装置。

（5）检验体内酒精、国家管制的精神药品、麻醉药品含量。

2. 行政强制措施的实施程序

（1）口头告知违法行为人或者机动车所有人、管理人违法行为的基本事实、拟作出行政强制措施的种类、依据及其依法享有的权利。

（2）听取当事人的陈述和申辩，当事人提出的事实、理由或者证据成立的，应当采纳。

（3）制作行政强制措施凭证。

公安交通管理行政处罚决定书

公（交）决字[   ]第   号

当事人：＿＿＿＿＿＿　　地址：＿＿＿＿＿＿＿＿＿＿＿＿＿

电　话：＿＿＿＿＿＿＿　　其他联系方式：＿＿＿＿＿＿＿＿＿＿＿

驾驶证或身份证号码：＿＿＿＿＿＿＿＿＿档案编号：＿＿＿＿＿＿＿＿

发证机关：＿＿＿＿＿＿＿＿＿＿＿

车辆牌号：＿＿＿＿＿＿＿＿　　　类型：＿＿＿＿＿＿＿

现查明的违法事实：＿＿＿＿＿＿＿＿＿＿＿＿＿＿＿＿＿＿＿＿

＿＿＿＿＿＿＿＿＿＿＿＿＿＿＿＿＿＿＿＿＿＿＿＿＿＿＿＿＿＿＿

＿＿＿＿＿＿＿＿＿＿＿＿＿＿＿＿＿＿＿＿＿＿＿＿＿＿＿＿＿＿＿

＿＿＿＿＿＿＿＿＿＿＿＿＿＿＿＿＿＿＿＿＿＿＿＿＿＿＿＿＿＿＿

＿＿＿＿＿＿＿＿＿＿＿＿＿＿

以上事实有＿＿＿＿＿＿＿＿＿等证据证明。

根据＿＿＿＿＿＿＿＿＿＿＿＿＿＿＿＿＿＿＿＿＿＿＿＿的规定，

对其＿＿＿＿＿＿＿＿＿＿＿＿的行为，决定给予：＿＿＿＿＿＿＿＿

当事人不服处罚决定的，可以依照《中华人民共和国行政复议法》 在 60

日内向＿＿＿＿＿＿＿＿＿＿＿＿＿＿＿＿＿申请行政复议；或者依照《中

华人民共和国行政诉讼法》在 3 个月内向＿＿＿＿＿＿＿人民法院提起行政诉

讼。

当事人签字：＿＿＿＿＿＿＿＿＿＿＿＿

备注：＿＿＿＿＿＿＿＿＿＿＿＿＿＿＿＿＿＿

XX 市公安局交通警察支队

二〇XX 年 XX 月 XX 日

图 6 - 4　一般程序处罚决定书样图

(4)行政强制措施凭证应当由当事人签名、交通警察签名或者盖章、公安机关交通管理部门盖章。当事人拒绝签名的,交通警察应当在行政强制措施凭证上注明。

(5)将行政强制措施凭证当场交付当事人。当事人拒收的,交通警察应当在行政强制措施凭证(图6-5)上注明。

（此处印制公安机关名称）

公安交通管理行政强制措施凭证

（道路交通安全违法行为处理通知书）

编号：

当事人：_____ 地址：_____

电话：_____ 其他联系方式：_____

驾驶证：□□□□□□□□□□□□□□□□□□

驾驶证档案编号：_____ 发证机关：_____

车辆牌号：_____ 车辆类型：_____

　　　当事人于____年__月__日__时__分,在_____

_____实施_____违法行为（代码____）。

　　　根据《中华人民共和国道路交通安全法》及其实施条例规定（依据见附页）,采取行政强制措施：

　　　扣留一□机动车　　□非机动车　　□驾驶证

　　　□收缴非法装置　　□检验血液

　　　当事人不服本决定作出的行政强制措施的,可以在 60 日内向_____申请行政复议；或者在 3 个月内向_____人民法院提起行政诉讼。

　　　持本凭证在 15 日内到____处接受处理。被扣留驾驶证,无正当理由逾期未接受处理的,吊销驾驶证。

　　　对上述内容有无意见_____当事人：_____备注：____

交通警察：（签名或者盖章）

（公安机关交通管理部门盖章）

年　　月　　日

图6-5　行政强制措施证书样图

6.3.3　被处理者的法律救援

当事人对公安机关交通管理部门的行政处罚不服，或者对行政强制措施有意见时，可以依法向其上一级公安机关交通管理部门或者法律、法规规定的其他机关提出申诉，请求重新审查并纠正错误的具体行政行为。

当事人对复议决定不服的，可以向人民法院起诉。由于法律没有规定必须先申请行政复议、对行政复议决定不服再提起诉讼，所以当事人可以不经复议程序，而直接向人民法院提起行政诉讼。

复习与思考题

1. 交通安全管理有哪些基本内容？
2. 交通安全管理的作用主要有哪些？
3. 机动车登记的种类和主要内容是什么？
4. 试分析我国车辆检验制度的基本内容。
5. 我国机动车驾驶证的申领有哪些基本条件？
6. 机动车驾驶员在哪些道路交通违法行为可分别计 12 分和 6 分？

第 7 章　道路交通事故深度调查

7.1　道路交通事故现场

7.1.1　道路交通事故现场的定义

道路交通事故现场，是指发生道路交通事故的地点及与道路交通事故有关范围的空间场所。道路交通事故现场是由道路交通事故发生的地点、各种痕迹物证、散落物、道路条件，与道路交通事故有关的房屋、车辆、物体、人、畜、天气条件以及自然因素等构成的。在道路交通事故现场中存在着大量的痕迹、物证，是判定道路交通事故案件发生过程和分析道路交通事故成因的基础。

7.1.2　道路交通事故现场的构成要素

道路交通事故现场的构成要素，通常包括：时间、空间、当事人的交通行为、车、物等 5 项。其中的时间是指道路交通事故发生的时间，有时还包括公安机关交通管理部门接到报警的时间；空间是指道路交通事故发生的空间场所，既包括道路交通事故发生前后与道路交通事故有关的痕迹、物证存在的场所，又包括交通参与者为避免事故发生而采取措施时遗留下痕迹、物证的场所；当事人的交通行为是指发生道路交通事故前、发生道路交通事故时和发生道路交通事故后当事人所进行的与道路交通事故有关的活动；车、物，则是道路交通事故现场的一部分，是道路交通事故现场勘查的对象，是各种痕迹、物证的承载体，有的其本身就是认定道路交通事故成因的重要证据。

这些要素的客观存在及它们之间通过特定的交通行为发生的损害后果，构成了各种各样的道路交通事故现场。

7.1.3　道路交通事故现场的主要特点

1. 事故现场的客观性和现场状态的可变性

道路交通事故现场的客观性是由道路交通事故发生的客观性决定的，即使道路交通事故现场的表象不存在了，道路交通事故发生的时间、空间也不会发生变化。但由于受到人为因素、环境因素、自然因素等的影响，道路交通事故现场的状态极易遭到破坏，且随着时间的推移破坏程度增大的可能性也将大幅增加。

这就导致所要勘查的道路交通事故现场并不一定就是道路交通事故发生后的原样，而是发生了变化的现场。在勘查现场时，要从实际出发克服现场变化给勘查工作带来的困难，还原现场从而推断道路交通事故发生的过程。

2. 事故现场现象的暴露性与因果关系的隐蔽性

道路交通事故的现象及损害后果都是有明显表象的，而这些表象的背后又存在着各种各样的内因，各种内因之间发生的关系直接导致了道路交通事故的发生，特别是当事人的行为与道路交通事故之间的关系十分复杂，并且具有一定的隐蔽性，不易辨别。

反之，导致道路交通事故的原因是通过各种现象表现出来的，每一种现象只能反映事故本质的某一侧面，只有取得全面的、合乎实际的证据才能把握道路交通事故案件的实质。

3. 事故现象的整体性和形成的阶段性

通常道路交通事故现象的形成分为三个阶段：道路交通事故发生前的动态阶段、发生时的动态阶段和发生后的静态阶段。道路交通事故的发生就是由这三个阶段按时间顺序演变，导致道路交通事故损害后果的发生，并形成道路交通事故现场的最终表象。

道路交通事故处理人员到达事故现场后所面对的就是道路交通事故发生后的静态阶段，其所做的工作就是要从这些静止的画面中挖掘各种信息，以还原道路交通事故发生的过程。

4. 事故现场的共同性和个别现场的特殊性

道路交通事故现场的共同性是指道路交通事故现场中的共同现象，即规律性。利用共同性的规律可以帮助发现和鉴别痕迹、物证，从而判定道路交通事故的有关事实。道路交通事故现场的特殊性，是指一起道路交通事故与其他道路交通事故相区分的现象。共同性的规律帮助揭示每起道路交通事故的特殊性，同时，每起道路交通事故的特殊性又丰富了共同性的规律。

7.2 道路交通事故现场勘查的概念

7.2.1 道路交通事故现场勘查的含义

道路交通事故现场勘查，是指公安机关交通管理部门依法运用科学的方法和技术手段对道路交通事故有关的时间、地点、道路、人身、车辆、物品、牲畜等进行的勘验、检查，以及当场对当事人和有关人员进行的调查访问，并将所得结果客观、完整、准确记录下来的活动。

道路交通事故现场勘查是道路交通事故处理工作的基础，对于全面分析道路交通事故原因，准确认定道路交通事故责任，进行行政处罚乃至对于道路交通事故损害赔偿调解工作都有重要意义。

交通警察进行现场勘查要全面、仔细地依法进行，要严格执行关于现场勘查的技术标准，即《机动车运行安全技术条件》（GB 7258—2012）、《汽车行驶记录仪标准》（GB/T 19056—2012）、《车辆驾驶人员血液、呼气酒精含量阈值与检验》（GB 19522—2010）、《道路交通事故现场图绘制》（GA 49—2014）、《道路交通事故勘验照相》（GA 50—2014）、《便携式制动性能测试仪》（GA/T 485—2004）、《道路交通事故痕迹物证勘验》（GA 41—2014）等。同时，要注意严格依照有关法律、程序的规定进行，并按照《公安机关办理行政案件程序规定》

进行，对于当事人有交通肇事犯罪嫌疑的，应当按照《公安机关办理刑事案件程序规定》立案侦查。

7.2.2　道路交通事故现场勘查的目的和作用

1. 道路交通事故现场勘查的目的

道路交通事故现场勘查的目的主要有：①查明事件的性质，判定是否是道路交通事故，通过现场勘查所获得的线索可以帮助判断所发生事故的性质，以区分道路交通事故与利用交通工具进行犯罪的行为；②弄清道路交通事故发生的原因；③搜集并提取道路交通事故证据；④调查交通环境与道路交通事故的关系，为改善交通环境，创造安全的交通环境提供依据。

2. 道路交通事故现场勘查的作用

第一，道路交通事故现场勘查是判定道路交通事故过程和确定事故成因的依据，是道路交通事故处理工作的关键环节。要正确处理道路交通事故，首先要弄清道路交通事故的过程，了解道路交通事故的原因以判定道路交通事故的责任。而道路交通事故现场勘查正是搜集证据，辨别事故真相的手段。如果现场勘查工作做不好，缺乏客观依据，将无从对道路交通事故事实作出认定。

第二，道路交通事故现场勘查是获取证据的重要手段。通过道路交通事故现场勘查，使现场存在的痕迹、物证成为证据，正是这些证据对道路交通事故处理工作起着决定性的作用，同时也为道路交通事故调查提供线索和方向。

第三，道路交通事故现场勘查为侦破道路交通事故逃逸案件提供客观依据。道路交通事故发生后，肇事人虽然破坏了道路交通事故现场，但道路交通事故所引起的各种交通元素的变化是客观存在的，通过道路交通事故现场勘查获取痕迹、物证，走访目击者、受害人等知情人，可以为侦破道路交通事故逃逸案件提供客观依据。

7.2.3　道路交通事故现场勘查的内容

(1) 道路交通事故现场勘查一般包括实地勘查、现场访问、临场分析、现场实验四个方面。

①实地勘查。

实地勘查是以查明道路交通事故过程，发现和提取痕迹、物证为主要目的，对道路交通事故现场进行的勘验、检查、摄影、摄像、丈量、绘图、记录等专项活动，具体包括：a.勘验发生道路交通事故的肇事车辆、现场人员、现场路面和有关物体及其状态、痕迹的位置；b.勘验发生道路交通事故的肇事车辆、现场人员行进路线的痕迹、物证；c.勘验肇事车辆、现场人员、现场路面、有关物体接触部位、受力方向及有关的地面遗留物的分布情况；d.勘验肇事车辆的安全技术状况以及装载情况；e.勘验道路及交通环境的情况；f.重点要勘验第一次接触的痕迹和物证，并在接触部位及周围寻找附着物等。

②现场访问。

现场访问是以查明道路交通事故发生前后当事人、道路、交通环境、车辆等的基本情况，以开辟线索来源为目的而进行的询(讯)问当事人及证人的活动。通过现场访问具体了解的内容通常包括：道路交通事故当事人的基本情况、道路交通事故发生的基本事实、其他与道路交通事故有关的情况等。

③临场分析。

临场分析，是在道路交通事故现场勘查基本结束时，对现场勘查的全部材料进行全面、综合分析研究，初步作出符合实际的推理判断，揭示道路交通事故现场上各种现象的本质及其内在联系，初步分析道路交通事故当事人的道路交通安全违法行为以及导致道路交通事故的过错或者意外情况，判断案件性质以及道路交通事故成因的重要工作程序。

④现场实验。

现场实验是分析案情、查明事故事实、解释某些事故现象，以及审查判断某些证据的一种手段。在现场勘查或现场分析过程中，有时对某些痕迹或事实的认识上有分歧，或者有怀疑的情况下，就可以通过现场实验来验证、查明某些痕迹或事实形成原因。

（2）根据道路交通事故的性质，道路交通事故现场勘查又可分为时间调查、空间调查、生理及心理调查、环境条件调查以及后果调查。

①时间调查。

时间调查是要确定道路交通事故发生的准确时间以及与道路交通事故有关事件发生的时间，以便分析道路交通事故发生的实际过程，以确定其他合理性的有效资料。

②空间调查。

空间调查是调查道路交通事故发生的空间场所以及道路交通事故现场中车辆、人体、物品、痕迹、散落物、道路设施等所在的位置及其相互关系，以便于用来分析道路交通事故发生前当事各方运动的方向、路线形式、速度等的信息采集活动。

③生理及心理调查。

生理及心理调查是调查道路交通事故当事人的心理状态、身体精神状况以及生理方面对道路交通事故的发生有何影响的活动。

④环境条件调查。

环境条件调查是调查道路状况和自然条件对道路交通事故的影响的活动。

⑤后果调查。

后果调查是调查道路交通事故造成的人员伤亡、财产损失情况及导致损失的原因的活动。

7.2.4 道路交通事故现场勘查的原则

1. 迅速、及时原则

由于道路交通事故现场的特殊性，极易受到人为和自然因素的影响而发生变化或遭到破坏，导致道路交通事故现场失去勘查价值。随着时间的推移还会导致见证人离开现场，甚至造成交通堵塞等。因此，道路交通事故现场勘查是时间性要求很高的工作，要求公安机关交通管理部门常备不懈，接到道路交通事故报案后，迅速作出反应赶赴现场，为勘查工作争取时间。对于会受到时间、地点、气象等因素影响，可能遭到破坏的证据或痕迹，应当及时测试、提取、保全。因此，在现场勘查过程中要注重效率，统筹安排，以便能迅速、及时地完成勘查工作。

2. 全面原则

道路交通事故现场为道路交通事故发生的结果，要通过这些静止的场景找到导致事故的原因并不是一件容易的事，因为诱发道路交通事故发生的原因是多方面的，无论是什么类型的道路交通事故现场，都要把现场的一切有关痕迹、物证毫无遗漏地记录、提取下来。只有全面地搜集证据，才有可能查明事故发生的真正原因。

3. 细致原则

道路交通事故现场中有些痕迹、物证不易被发现，但有时恰恰就是这些证据对认定道路交通事故原因起着决定性的作用。因此，在进行道路交通事故现场勘查时一定要细致、有序地进行，为分析道路交通事故成因，认定道路交通事故责任打下良好的基础。从现场实际情况出发，在进行道路交通事故原因分析时，要做到全面、严密，分析各种痕迹、物证与道路交通事故结果的关系，不能忽略任何一个细小的矛盾，更不能放弃对任何一个微小痕迹的分析。同时，要注意结合证人证言、当事人陈述，不能凭主观臆断，更不可以徇私枉法，歪曲事实。对于变动或伪造现场更要分析、了解变动的情况，得到合理的解释和有说服力的鉴定。

4. 客观原则

相同的道路交通事故现场的表象后面隐藏的未必是同样的导致事故发生的原因，因此，在进行道路交通事故现场勘查时要以事实为依据，交通警察不能凭主观臆断，而要坚持实事求是。

5. 合法原则

依法办案是公安机关交通管理部门及其交通警察所要遵守的最基本的原则，在进行道路交通事故现场勘查的过程中，无论是提取痕迹、物证，还是询(讯)问当事人或证人都要严格按照法律规定办事，要正确地行使法律赋予的权力，更要严格地履行法律规定的义务。尤其需要注意的是，在进行询(讯)问时，应尊重被询(讯)问人的合法权益，尊重群众的风俗习惯。对于故意破坏现场，无理取闹者，要依法严办；不准随意动用被扣留的车辆、物证及其他物品；当勘查人员与道路交通事故有利害关系以及其他可能影响公正处理的关系时，应当自行回避；注意保密工作，维护公安机关交通管理部门的荣誉。

6. 科学原则

为了保证勘查结果的准确性和可靠性，应该运用先进的科学技术手段来勘查物证。由于现代新型材料在汽车工程、道路工程、服装织物等方面广泛应用，许多道路交通事故物证已无法用传统方法来加以鉴别，加之一些细小、浅淡痕迹也难以用常规方法去发现和提取，这就要求在进行现场勘查时，必须依据不同物证的物理和化学特性，相应采用不同的先进科学技术来发现、固定、提取和检验物证，以提高道路交通事故物证勘查的质量，满足道路交通事故案件处理对证据可靠性的要求。

7.2.5　道路交通事故现场的勘查要求

1. 对道路交通事故勘查人员的要求

道路交通事故现场勘查人员必须符合法律规定。道路交通事故现场勘查工作是道路交通事故处理工作的一个组成部分，只有公安机关交通管理部门的道路交通事故办案人员才有权负责道路交通事故物证勘查工作。

由于我国道路交通事故处理工作实行的是分级负责、专人办案、领导审批的制度，因此，所有从事道路交通事故处理工作的人员都必须进行专门的培训并取得相应的资格。根据《道路交通事故处理工作规范》第五条的规定：交通警察经过培训并考试合格，可以处理适用简易程序的道路交通事故。取得初级资格的交通警察，可以主办除造成人员死亡以外的其他道路交通事故，并可以协助取得中级以上资格的人员处理死亡事故。取得中级或者高级资格的交通警察，可以处理所有适用简易程序和一般程序的道路交通事故，并可以对道路交通事故案件进行复核。基于此，对不同类型的道路交通事故现场进行勘查，需要具有相应资格的交通警察主办。

道路交通事故现场勘查工作处理除有人员资格的要求外，还有人员数量的要求。发生适用一般程序处理的道路交通事故，公安机关交通管理部门应当根据道路交通事故的情况，派出2名或者2名以上交通警察处理，如果该起道路交通事故造成人员死亡，则事故现场勘查人员中至少有一人具有中级以上资格。由于道路交通事故情况非常复杂，某些物证勘查要涉及一些专门知识，所以，在道路交通事故管理部门无法独立完成勘查工作的情况下，可以从其他部门聘请具有专门知识的专业人员参加勘查工作。

另外，作为一名现场勘查人员在开展工作时应该做到：①服从统一指挥，严格按勘查步骤进行工作，不得随便移动现场的遗留物等；②保护公私财产，不得私拿或损坏现场任何物品；③尊重当地群众的风俗习惯；④严格保守秘密，不准泄露有关现场的情况或擅自发表对事故的看法；⑤严格遵守政策法令和有关规定。

2. 确保勘查人员人身安全

全国每年都会发生多起交通警察勘查道路交通事故现场时，被其他车辆碰撞，造成伤亡的事故。交通警察勘查道路交通事故现场，应当穿着反光背心，夜间可以佩戴发光或者反光器具。遇有载运危险物品车辆发生道路交通事故的，还应当根据需要穿着防护服，佩戴防护用具。为了切实保障交通警察在勘查道路交通事故现场时的人身安全，应该加强交通警察查处道路交通安全违法行为和勘查道路交通事故现场的安全防护装备配备。

3. 准备充分

交通警察执勤巡逻时，警车应当配备警示标志、照相机、现场标划用具等对道路交通事故现场进行先期处置的必需装备，以及适用简易程序处理道路交通事故的法律文书等。对于专门的道路交通事故处理人员，则应配备性能良好的道路交通事故勘查车辆，除了警车中所应装备的设备外，还应配备专门的道路交通事故现场勘查工具，以应对随时发生的道路交通事故。

为了确保在遇到各种道路交通事故时，公安机关都能迅速出警，高效、高质量地完成道路交通事故现场处置工作。各地公安机关交通管理部门应当制定群死群伤道路交通事故应急处置预案、载运危险品车辆道路交通事故应急处置预案、恶劣天气条件下道路交通事故现场应急处置预案、自然灾害造成的道路交通事故现场应急处置预案和交通肇事逃逸案件查缉等预案，并与相邻省、设区市、县级公安机关交通管理部门建立协作、查缉机制。

在预案中应包括：①组织机构及领导责任。确定该类事故对应的领导级别，相应的部门有利于明确领导责任，便于预案的实施、组织。②处理人员的构成及相应职责。各相关部门、人员及其相应责任的确定，有利于各项工作的开展。③处理程序。处理程序的明确对于提高效率，各部门协同工作有重要的意义。④备用方案。由于道路交通事故现场具有特殊性的特点，因此，预案应有多个备用方案，以便根据具体情况随时作出调整，保证方案实施的高质量。

4. 记录完整

在道路交通事故勘查现场过程中,应通过现场制图、现场照相以及现场勘查笔录等完整地记录道路交通事故现场的情况,尤其是有价值的痕迹、物证,一定要首先用照相的方法加以固定,在提取痕迹、物证时,要做好勘查笔录,记录痕迹、物体的位置、形状、尺寸以及勘验过程等。

7.2.6 道路交通事故现场勘查的流程

道路交通事故现场勘查的程序包括前期准备、现场操作、撤除现场几个部分。在前期准备工作中首先要保证有关现场勘查的工具、车辆完好,随时能投入使用。在此基础之上要做好交接处的警务工作,并尽快赶赴现场。

交通事故现场勘查人员到达事故现场后,第一件事情就是尽快地全面了解事故现场的情况并对事故中的受伤人员和受困人员进行救援,认定事故当事人,并采取一定的措施保护好事故现场,防止事故现场遭到破坏。

交通事故发生后,事故现场的围观人群或者其他因素(如变化的天气),可能破坏事故现场,使得现场痕迹变得模糊不清,给现场勘查工作增加一定的困难,而且会使得采集到的痕迹信息不准确,从而影响到对事故的判断、分析。在交通事故勘查人员尚未到达事故现场之前,事故现场的保护工作由发生交通事故的车辆驾驶人负责。应尽可能的保证事故现场的完整性,再进行询问调查、现场拍照、痕迹采集、绘制事故现场图等一系列工作,之后再根据对事故的分析进行事故现场复核,以上工作完成后再对事故现场进行清理。

勘查人员在事故现场进行勘查作业时会影响到道路交通的正常通行,所以勘察人员要尽可能地在短时间内完成现场勘查工作,并尽快地恢复道路交通的正常通行。完成勘查工作后应迅速撤出现场,指挥恢复交通(图 7 - 1)。

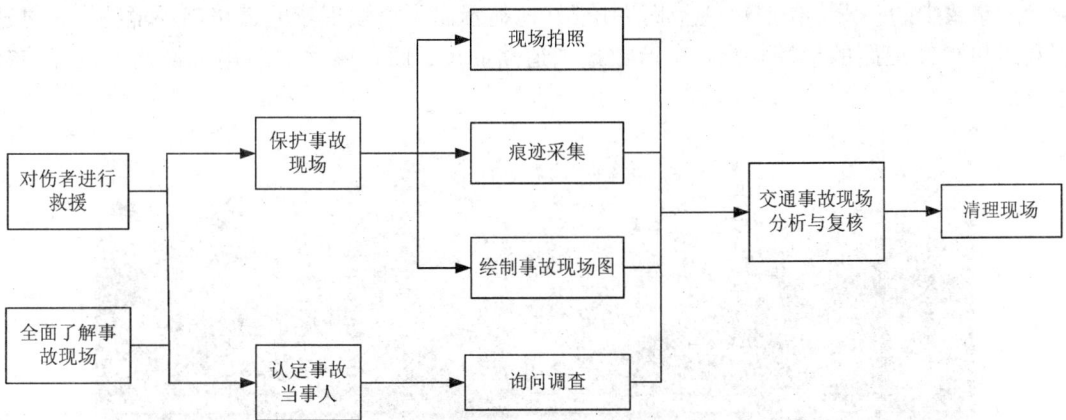

图 7 - 1 道路交通事故现场勘查流程图

7.3 道路交通事故现场勘查的工作内容与方法

交通事故现场勘查是处理交通事故的首要环节,也是对所发生的事故进行再现分析和责任认定的根本依据。一般来说,交通事故的发生现场情况都会比较复杂,勘查人员来到事故现场后要有明确的勘查目标和采集规范才能高效、全面地对整个事故的信息进行采集。交通事故现场勘查主要包括四方面的内容,即现场拍照、痕迹采集、现场测量和绘制事故现场图。

7.3.1 现场拍照

现场拍照是交通事故现场勘查的一个重要内容,现场拍照就是通过相机将事故地点及周围环境完整记录下来的工作。现场拍照要根据交通事故现场勘查的相关规定进行,要用照片的形式记录下事故现场的状况和各种痕迹信息。尤其是事故现场中痕迹与物体以及物体与物体之间的位置和相互关系要真实无误地拍摄记录下来,为事故再现分析、查明事故原因、事故责任认定提供证据。交通事故现场拍照的任务概括起来有两个方面:一是记录交通事故现场的具体情况;二是提取具有证据价值的痕迹物证。根据《道路交通事故现场勘查照相》(GA 50—2014)可知,在交通事故现场勘查拍摄的照片主要分为五类:方位照片、概览照片、中心照片、局部照片和细目照片。

1. 方位照片

方位照片是为了说明交通事故现场所在的位置和相关环境而拍摄的照片。在进行方位照片拍摄时,应在交通事故现场选择较远、较高、能显示出现场环境特点的位置上进行拍摄,并尽可能地选择明显标志物(如路标、房屋、桥梁等)进行拍摄,以反映事发现场的环境与具体位置。方位照片应该反映出道路的形态特征,如车道数量、道路曲度等。图7-2所示为某起交通事故中的一张方位照片,这张照片很好地显示出了事故现场的道路与环境特点,通过照片可以得知道路的形貌特点、车道数量和道路曲度,而且照片中的建筑物就是很好的标志物。

图7-2 交通事故现场方位照片

2. 概览照片

概览照片就是能完整地呈现出交通事故现场的照片，是对交通事故现场重点部位、车辆、物体之间关系的说明，其作用就是能够提供事故现场的一般情况概览。概览照片上应当包含所用的事故参与车辆以及完整的事故现场。如果事故现场比较简单，一般一张概览照片就可以达到目的。图 7 - 3 和图 7 - 4 分别为两起不同类型的交通事故现场概览照，其中图 7 - 3 为一起车 - 车(即小轿车与小轿车)交通事故现场概览照，通过照片中的信息就可以知道事故参与方，大致了解事故现场，甚至可以初步推测事故发生的原因。图 7 - 4 为一起车 - 两轮车(即小轿车与两轮车)交通事故现场概览照，照片里包含了事故参与方和发生交通事故的事故现场。

图 7 - 3　车 - 车事故现场概览照

图 7 - 4　车 - 两轮车事故现场概览照

如果事故现场情况过于复杂，则应该从不同的位置拍摄多张概览照片。图7-5所示为某一起交通事故中的现场概览照片，这些照片是从被撞翻转事故车辆车头方向不同角度位置顺时针方向拍摄得到的。对于那些过于复杂的事故现场，从不同的位置拍摄的现场概览照片中可以得到不一样的信息，将这些不同位置拍摄的现场概览照对比分析，就可以大致掌握事故现场的情况。

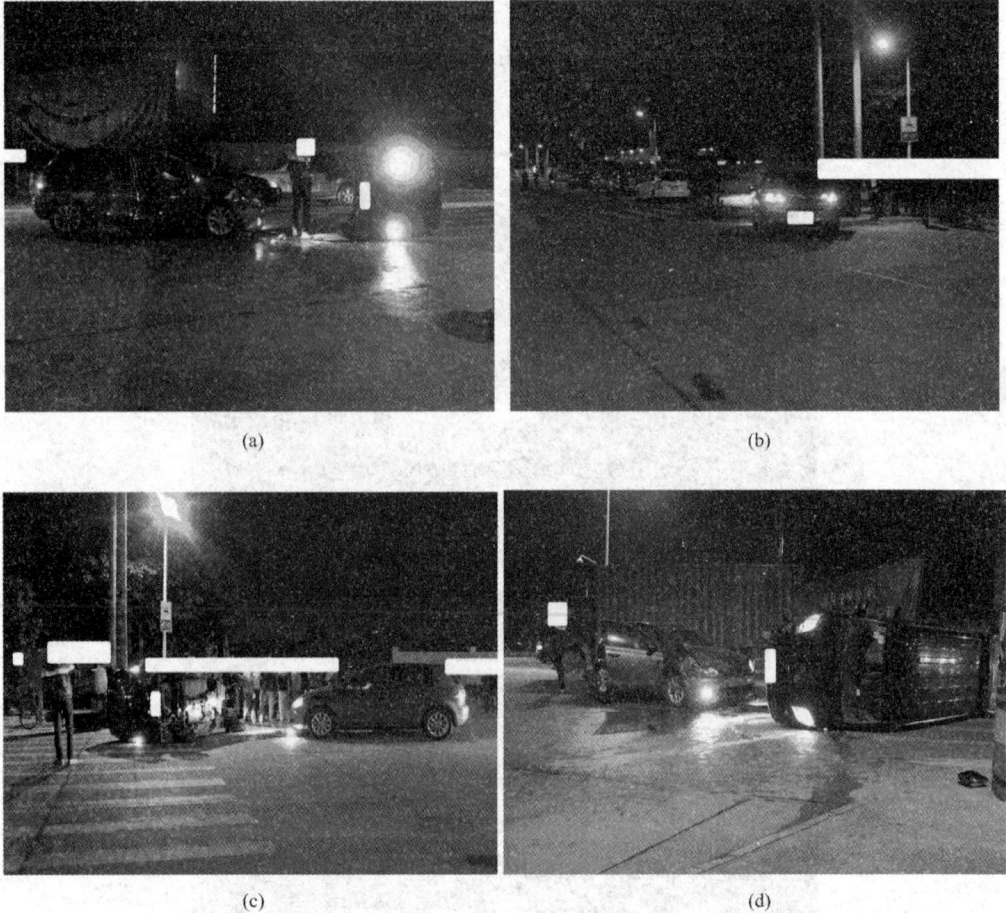

(a)　　　　　　　　　　　　(b)

(c)　　　　　　　　　　　　(d)

图7-5　拍摄的现场概览照

3. 中心照片

中心照片就是对交通事故现场中心进行近距离拍摄的专门照相，中心照片的目的是为了记录下事故现场的重要局部及其与有关物体之间的联系。事故现场中心照可以凸显事故参与车辆的特征、大小。一般来说，对于事故车辆拍摄的中心照需要360°拍摄记录，以每次45°的移动角度绕车辆一周对其进行拍摄，刚好可以拍摄8张。所以对于事故车辆的中心照片一般是成组拍摄，一组8张。图7-6所示为一组某起交通事故中的事故车辆中心照片。根据中心照片，可以知道大致知道在交通事故中车辆发生碰撞的部位、车辆受损变形的情况。

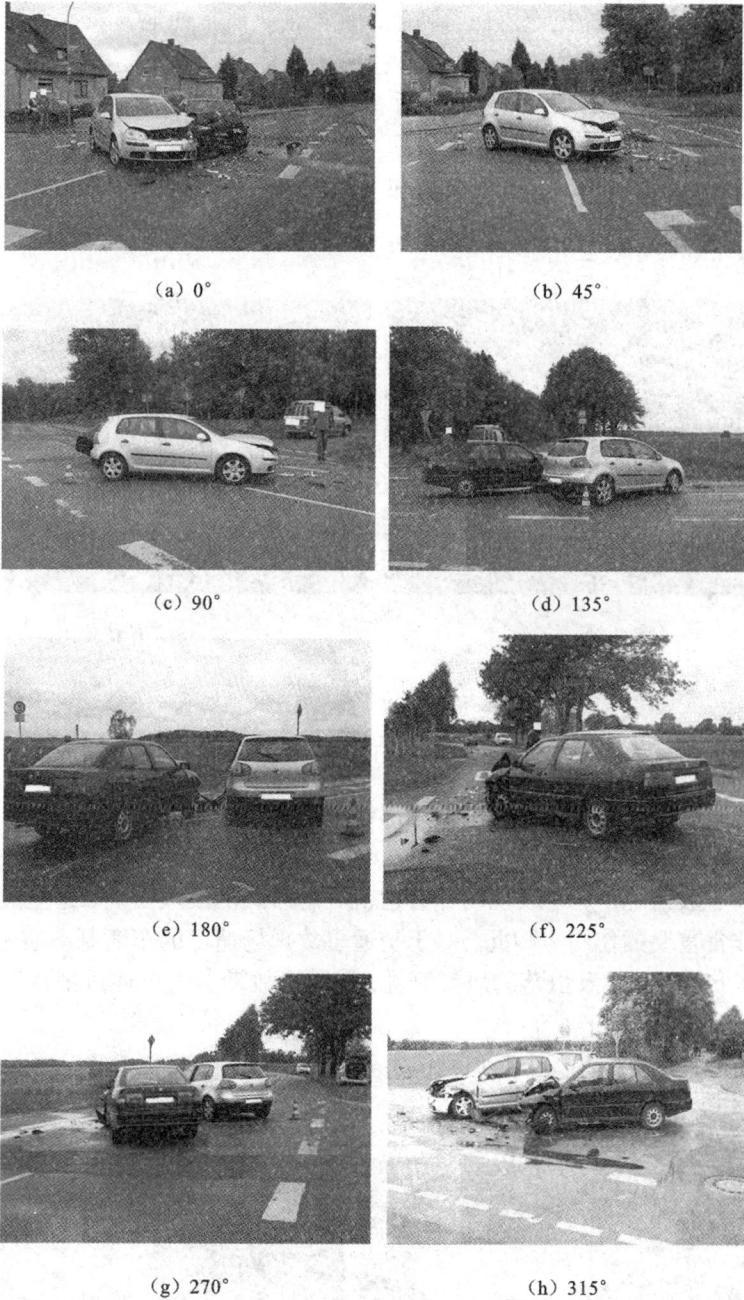

(a) 0°　　　　　　　　　　(b) 45°

(c) 90°　　　　　　　　　(d) 135°

(e) 180°　　　　　　　　(f) 225°

(g) 270°　　　　　　　　(h) 315°

图 7-6　不同位置中心照片

4. 局部照片

局部照片是反映部分道路交通事故现场范围内道路交通事故元素位置关系的专门照片。局部照片的拍摄内容有两个：一是拍摄交通事故现场的道路交通事故元素（如事故参与车辆），另一个是拍摄交通事故现场的重要局部（如制动痕迹）。

图 7-7 是某起交通事故现场中拍摄到的两张局部照片，其中图 7-7(a)是一条事故车辆制动痕迹的局部照片，照片里面由白色粉笔绘制的箭头所指的地方表示制动痕迹的起始位置，根据这张局部照片包含的信息，可以大致推测出车辆在事故发生时的制动情况及车辆的行驶方向。图 7-7(b)是故现场血迹局部照片，照片中用粉笔标记的白圈里的痕迹就是血迹。一般来说，事故现场的血迹处就是事故中被撞人员的最终位置处，所以根据图 7-7(b)里的信息可以大致确定，事故发生后，事故中被撞人员的最终停留位置是在以血迹为圆心、以 1 m 为半径的圆圈内。

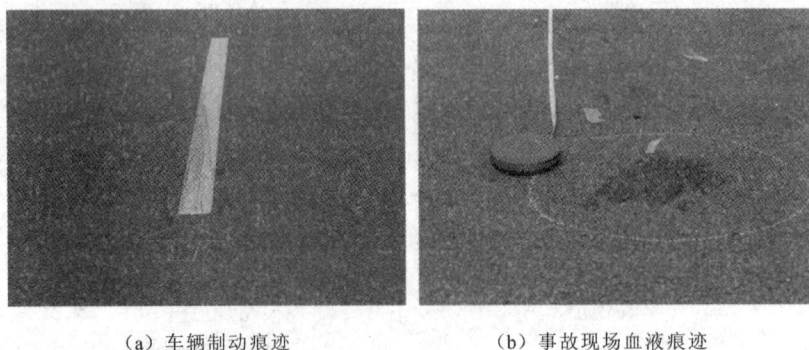

（a）车辆制动痕迹　　　　　　　　　　（b）事故现场血液痕迹

图 7-7　局部照片

5. 细目照片

细目照片就是对交通事故现场元素的局部细节、物证、表面痕迹的专门照相，是对概览照片、中心照片和局部照片的进一步说明。在事故现场勘查中，细目照片是提取事故现场痕迹的重要手段。一般情况下，事故现场都会遗留一定形式的痕迹物证，这些痕迹物证对于分析交通事故有非常重要的作用。因此，对于交通事故现场遗留的车辆制动痕迹、路面或物体上的划痕、尸体上的碾压痕及散落物质等痕迹，需要事故勘查人员通过细目照片的形式拍摄下来，作为重要证据使用。

细目照片一般采用微距拍摄，照相机镜头要与被拍摄的痕迹面垂直，如图 7-8 所示。其

（a）事故车辆中心照片　　　　　　　　　（b）事故车辆挡风玻璃细目照片

图 7-8　细目照片

中图 7 - 8(a)为某起交通事故中参与车辆的一张中心照片,从中心照片中可以发现,事故车辆副驾驶位置处的挡风玻璃已经破碎。但从这一张车辆中心照片里的信息还无法推测出车辆挡风玻璃破碎的原因,不知道其到底是被何物撞击所致。图 7 - 8(b)所示为事故车辆挡风玻璃破碎处的细目照片,从这张细目照片里我们可以发现以下两点信息:一是事故车辆挡风玻璃是从外往内凹陷的,这说明事故车辆挡风玻璃的破碎是由车辆外部的物体或人撞击而造成的,而并不是车辆内部的物体或副驾驶成员造成的;二是通过仔细观察可以发现事故车辆破损的挡风玻璃上黏有一些细长的头发,这就说明事故车辆挡风玻璃是和车辆外部人员头部发生了碰撞,而且被撞人员很有可能是一位女性(不排除是一位留有长头发的男性)。

6. 现场拍照的作用与要求

现场照相的作用归结起来有三个:一是为侦破提供线索,二是为技术检验提供条件,三是起证据作用。现场拍照能够快速有效地提取到事故现场上的遗留痕迹物证,可以为侦破交通事故案件提供线索。现场照片可以客观公正、完整准确地地记录下事故现场状况,现场照片是事故再现的主要依据,也是事故责任划分的重要证据。

在事故现场勘查中,现场拍照有严格规定和要求,这与平常的普通照相不一样。在进行现场拍照时,只有与交通事故现场相关的物体才是勘查人员照相的着眼点,其他的物体即使拍得再好也于事无补。交通事故现场照相是建立在对道路交通安全法非常透彻理解的基础上,只有这样,才能抓住现场勘查的重点。

对于交通事故现场的重点区域、重点部位和重点痕迹必须取证到位,这往往需要采取中心照相和细目照相的方法。那些经验不足的勘查人员或者初学者在进行现场拍照时,一般只会着眼于明显的痕迹,仅仅只能把痕迹固定下来,却忽视了对造痕主体上的痕迹进行拍照,致使相关证据无法组成证据链条。拍摄的现场照片无法达到预期的效果是交通事故现场勘查照相中的瓶颈,需要勘查人员通过专业的培训并且仔细体会、主动揣摩来克服。

7.3.2　痕迹采集

由于交通事故而产生的一切痕迹,称之为交通事故痕迹。交通事故痕迹又有狭义交通事故痕迹和广义交通事故痕迹之分。狭义交通事故痕迹是指交通事故的发生过程中,车辆会和其他车辆或物体接触和发生相互作用,在彼此表面上形成的痕迹,其形成有三大要素,一是造痕客体,二是承痕客体,三是相互作用力。

造痕客体就是制造痕迹的客体,是指在痕迹的形成过程中,在另一客体上形成自身表面结构形态的客体,即造痕客体是形成痕迹的主体,通常包括车、人、动物和物体等;承痕客体是指在痕迹的形成过程中,在自身表面上留下造痕客体表面特征的客体,是痕迹形成的被动体,通常包括车、人、动物和物体;相互作用力是指造痕客体和承痕客体在相互接触的过程中相互作用的力,这种作用力可以改变接触表面的形状形态,是痕迹形成的关键因素。三要素互为条件、相互作用、同时具备、缺一不可。

广义交通事故痕迹是指一切与交通事故有关的痕迹信息,可以分为五大类,即道路痕迹、车体痕迹、人体损伤痕迹、散落物痕迹和其他痕迹。

1)道路痕迹

道路痕迹是由肇事个体与承受个体之间产生作用力而形成的,包括轮胎痕迹、路面划痕、散落物等。车辆轮胎与道路接触是车辆行驶的前提,且事故发生前驾驶人员一般都会采取制动措施，因此事故现场往往会留下轮胎痕迹。当对轮胎痕迹进行拍摄时，照片中需要包含痕迹的始末点，且要体现与车辆的相对位置情况。

轮胎痕迹整体照片如图 7-9 所示，能够明确表达痕迹、道路、车辆三者间的相互关系。如图 7-10 所示，有些轮胎痕迹不够明显，起始位置不能清晰地体现出来，则需要对该痕迹进行标记再拍摄。

图 7-9　轮胎痕迹整体照片

图 7-10　轮胎痕迹起始标记照片

少数情况下，在一些轮胎痕迹中还存在中断的情况（图 7-11），这可能是因为碰撞导致轮胎抬离地面而引起的，而有些痕迹存在方向突变的情况（图 7-12），即痕迹的方向突然改变，这很可能是在碰撞时刻轮胎突然受力发生变向而导致的，是判断碰撞点的重要依据。

图 7-11　中断的轮胎痕迹

图 7-12　变向的轮胎痕迹

当然，也有可能是在碰撞前或碰撞后车辆与台阶或其他固定物接触而改变方向。这些都需要根据现场情况进行判断，这些痕迹都是进行事故再现分析时的重要依据，需要及时拍摄采集。有些痕迹非常容易消失，图 7-13 所示的轮胎压过草地留下的痕迹，对于这类痕迹需要及时标记并拍摄记录。在照片拍摄时，由于路面情况和光线强弱的不同，照片逆光拍摄和顺光拍摄的效果也会不同（图 7-14、图 7-15），在这种情况下建议两种角度都进行拍摄。

图 7 - 13　易消失的痕迹

图 7 - 14　顺光拍摄

图 7 - 15　逆光拍摄

除了轮胎痕迹，道路上还存在车体与路面接触产生的划痕。当车轮爆胎或车辆侧翻等情况发生时，车身与地面产生接触，往往会留下明显的划痕(图7-16)，这种痕迹是判断落地点或碰撞点的重要依据。在拍摄时需要将痕迹、道路、车辆三者间的相互信息清晰地包括进来，对于划痕的起点也需要进行特殊标记并拍摄(图7-17)。

图7-16　路面划痕

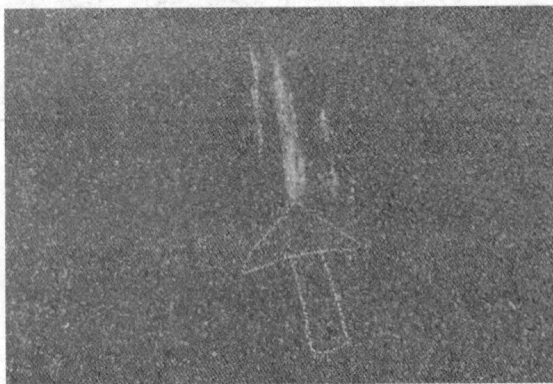

图7-17　划痕起点

在车辆发生碰撞时，由于撞击力或者惯性的作用，车上的部件、货物等物品掉落在现场形成散落物。这些散落物是分析碰撞点和碰撞车速的重要依据，如吉林大学的徐洪国教授就根据汽车大灯碎片分布场抛距来研究碰撞车速。如图7-18所示，在对散落物进行拍摄时，需要将散落物与车辆间的相对位置信息体现出来。

2)车体痕迹

车体痕迹是指在事故发生时不同车辆之间或车辆与其他物体之间碰撞接触产生的痕迹，如车辆变形、刮擦痕迹等。车辆变形是判断车辆接触位置和受力方向的重要依据，在拍摄之前需要对车身的整个变形情况进行了解，初步判断车身的碰撞位置和受力方向。在拍摄时，需要从不同角度进行拍摄，在不同角度所体现出来的变形情况和受力方向可能会不一样，会

图 7 – 18　散落物照片

产生完全不同的判断结果。如图 7 – 19 所示，从正面看，根据车辆的变形判断其受力方向为正 12 点方向；如图 7 – 20 所示，同一辆车的同一处变形，根据俯视效果可判断其受力方向为 11 点方向，很明显这才是正确的受力方向。因此，在对车辆变形进行拍摄时需要做到仔细观察且多方位拍摄。

图 7 – 19　正面拍摄变形照片

刮擦痕迹顾名思义就是在碰撞过程中由于刮擦而在车身上留下的痕迹，刮擦痕迹包括车与车的刮擦、车与人的刮擦、车与其他物体的刮擦等，是判断碰撞时车身接触位置和车辆行驶方向的重要依据。如图 7 – 21 所示，在拍摄刮擦痕迹是需要明确体现出痕迹在车身上的位置。

3）人体损伤痕迹

人体损伤痕迹是指在交通事故中，人体与车身、路面等接触留下的痕迹。如图 7 – 22 所示，人体在地面上留下的血迹是判断人体落地位置的重要信息，在拍摄时需要注意车身与血

图 7 - 20　俯视拍摄变形照片

图 7 - 21　事故车辆刮擦痕迹

图 7 - 22　事故现场血迹照片

迹之间的位置关系。

图 7 - 23、图 7 - 24 所示分别为人体在车上留下的血迹、毛发等痕迹，通过这些损伤痕迹和医院对伤员的检测报告，可以推断伤员的受伤原因，为民警侦查和事故再现提供重要依据。在对人体损伤痕迹进行拍摄时，需要仔细观察与分辨。

图 7 - 23　事故车辆挡风玻璃及人体血迹

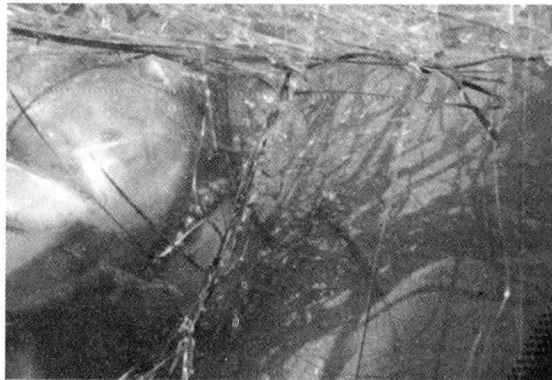

图 7 - 24　人体毛发

4）散落物痕迹

散落物痕迹是指事故发生过程中，由于碰撞冲击力或惯性的作用而离开事故参与方，掉落在事故现场的物体形成的痕迹，如事故中汽车玻璃碎片、汽车塑料碎片、货物、事故参与人员身上的鞋帽、衣物等。事故中的散落物在事故发生的时候，都是与原来的所属整体以同样的速度在运动，根据散落物散落分布的位置，可以对事故碰撞点和碰撞速度进行推测。如吉林大学徐洪国教授团队就依据汽车大灯碎片分布场抛距与碰撞速度间的关系，建立了汽车大灯分布场模型，通过该模型可以对交通事故中车辆车速进行估算。

图 7 - 25 所示为某起交通事故中的散落物痕迹照片。图中圆圈标记的就是事故中的散落物，根据这些散落物的分布情况，可大致推测出事故碰撞点是在箭头所指方向。

图 7-25 事故现场的散落物

5）其他痕迹

其他痕迹，包括监控拍摄的监控视频、证人证言、汽车黑匣子记录的信息、汽车安全气囊芯片数据、行车记录仪记录的信息、智能汽车车联网上传的数据等。这些痕迹信息往往对交通事故的再现分析和交通事故责任认定起着重要作用，如监控视频能以视频的形式将事故的发生过程完整地展现出来，这对于事故的再现分析有非常重要的帮助；汽车黑匣子又称汽车安全信息记录仪，能完整、准确地记录汽车行驶状态下的有关情况，能将汽车行驶轨迹完整地记录下来，并通过专用软件在电脑上再现，这对于分析交通事故非常方便；在汽车安全气囊弹开的事故中，如果能够读取到汽车安全气囊芯片里的数据，则可以得知汽车发生碰撞时的车速，这对于鉴定汽车是否超速行驶非常重要；通过证人证言，更是能直接了解到事故的发生过程和发生原因。

交通事故痕迹对分析研究交通事故有着十分重要的作用，主要体现在以下几点：一是交通事故痕迹是对故事进行再现分析的依据；二是交通事故痕迹是追查肇事车辆的重要线索；三是根据交通事故痕迹可以推断出车辆车速；四是交警部门可以依据交通事故痕迹进行事故责任划定，所以交通事故痕迹的采集是一项很有意义的工作。

7.3.3 现场测量

现场测量是指勘查人员在事故现场对事故的痕迹位置信息、车辆位置信息进行测量记录，为事故现场图的绘制和事故再现提供详细的数据支持。

目前，在国外如美国、日本、欧洲等发达国家非常重视交通事故的研究和分析，引入了先进的设备和技术用于交通事故现场勘查测量，如全站仪、激光扫描仪、GPS、摄影测量法等。我国事故处理部门勘查事故时采用的测量工具和手段要落后于美国、德国等发达国家，我国交通事故现场测量采用的主要是钢卷尺、软尺、软皮尺、塔尺、滚轮等测量工具。这些测量工具的优点是容易携带、操作方便；不足之处是步骤繁多、效率不高。

为了保护事故现场，交警部门会对事故现场进行封锁，这就要求勘查人员在最短的时间内完成测量等工作以尽快恢复交通通行。要提高事故现场的测量工作效率，需要有正确的测量方法进行指导，通过实用的直角坐标法、三角形法对事故现场测量进行分析研究。

直角坐标法适合在直线简单的路面进行测量时使用,测量前需要在事故现场选择一个参考点,以该点为原点建立直角坐标系,根据画图习惯,一般以道路方向为 X 轴,垂直道路方向为 Y 轴(图 7 - 26)。

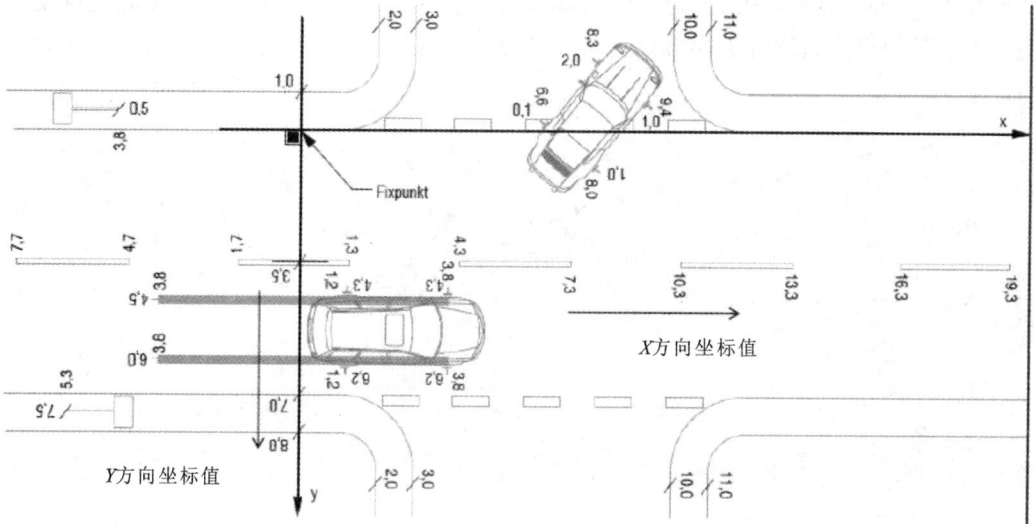

图 7 - 26　直角坐标测量法

当直角坐标系建立好之后,利用卷尺、软尺、滚轮等测量工具测量事故现场的痕迹、车轮(前后轮)等到两轴之间的距离,得到的数据为其坐标点,根据这些坐标点就可以确定不同痕迹、车辆等在事故现场的具体位置(图 7 - 27)。

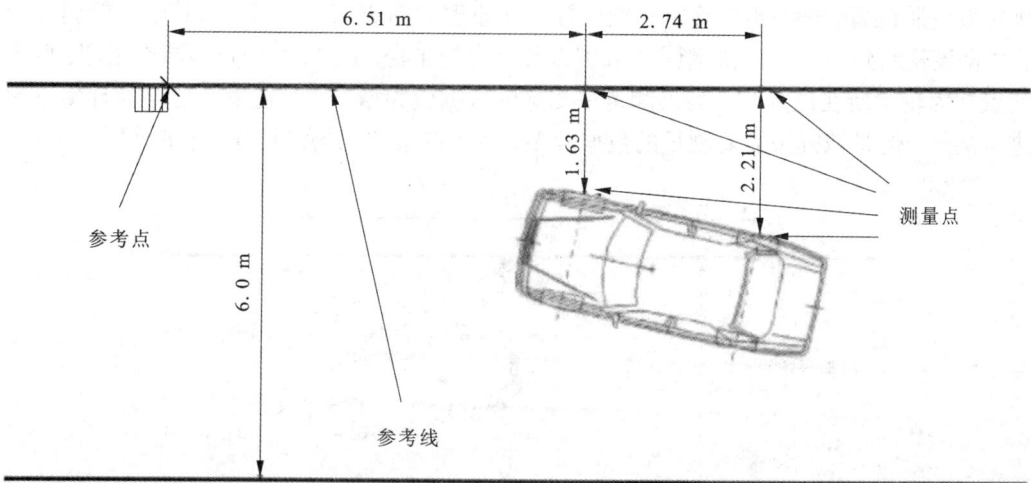

图 7 - 27　直角坐标法的具体测量

有些痕迹是连续不间断的(如轮胎痕迹、地面划痕等),一个坐标点不能确定该痕迹在坐标系中的位置,这可以分别测量其始点和末点的坐标,通过两点来确定其具体位置。对于一些弯曲又连续的痕迹,可以在该痕迹上取多个点进行测量来确定其位置。如果用直角坐标法在比较复杂的道路进行测量时,一个坐标系不能满足要求,需要根据路面环境建立多个坐标系,如在T字型路口则至少需要建立两个直角坐标系(图7-28)。直角坐标法的优点是测量快速简洁,其缺点是只适合于容易找到参考线的简单道路。

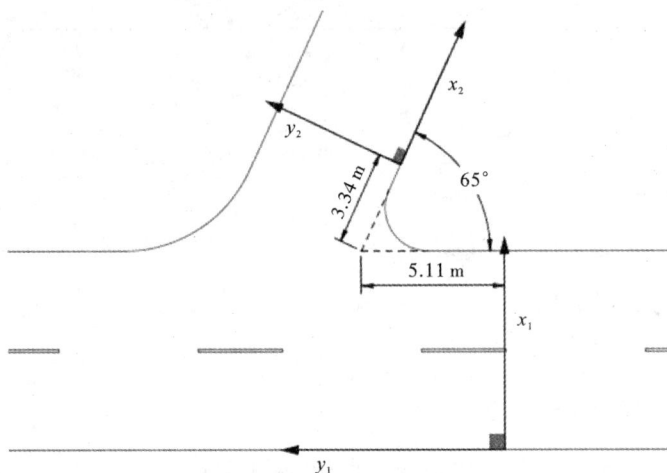

图7-28 直角坐标法在T字形道路上的应用

三角形法不需要建立坐标系,但需要建立参考点,如图7-29所示,以测量轮胎在事故现场的位置为例。首先,选择一个标志性位置为原点;然后在车辆附近选择A、B两参考点,通过测量A、B点到原点的距离确定A、B点的位置;最后,分别测量两轮胎到A、B点的距离来确定两轮胎位置,进一步可确定车辆位置。其原理如图7-30所示,以其中一轮胎位置为例,根据该轮胎到A、B两点的距离,分别以其距离为半径,以A、B两点为圆心画圆,两个圆的交点即为轮胎所在位置。三角形测量法测量的数据较为精准,且在复杂的路面环境下也可以进行测量,但是该方法需要测量的数据较多,在大的事故现场需要花较长时间。

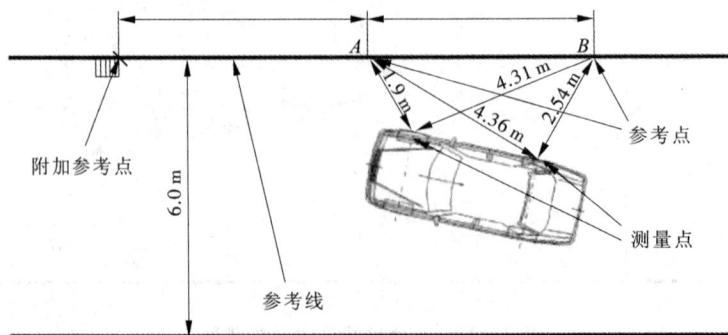

图7-29 三角形法的具体测量方法

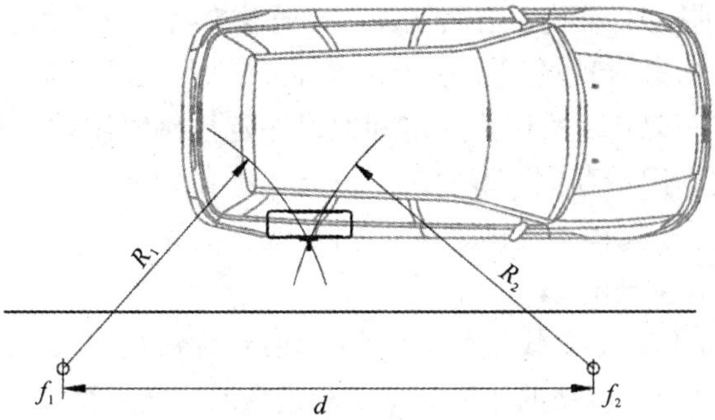

图 7 - 30　三角形法定位原理图

　　事故现场测量时事故现场勘查非常重要的一个环节，需要做到细致、全面、精准、高效。根据不同的道路环节选择合适的测量方法往往可达到事倍功半的效果。

7.3.4　绘制事故现场图

　　交通事故现场图是通过数字、文字、线条等以组合的形式来表达事故现场平面效果的记录图。交通事故图分为两种，一种是现场记录图，另一种是事故现场图。现场记录图又叫事故现场草图，是通过草图的形式简单记录下事故现场环境、事故形态、事故参与车辆、事故参与人员、痕迹的位置及其相互关系。图 7 - 31 是某起交通事故中的现场记录图，现场记录

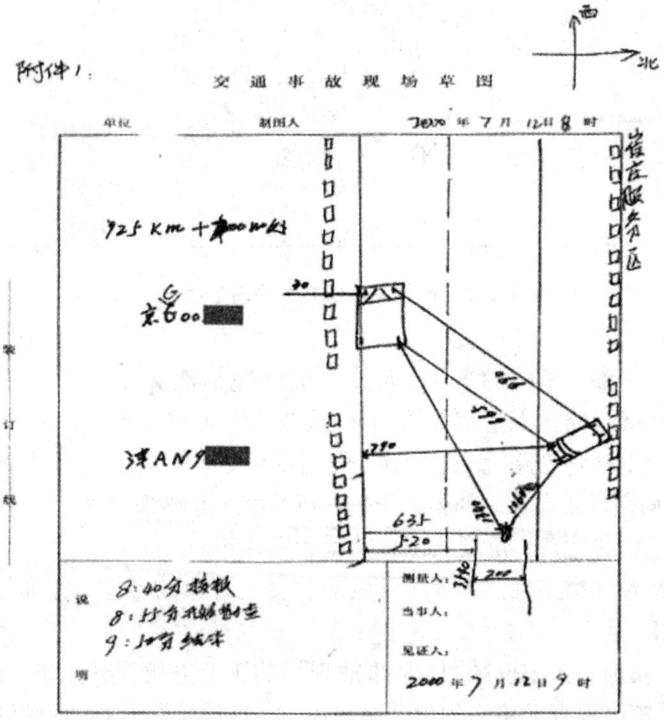

图 7 - 31　事故现场手绘草图

图是草图，必须在事故现场手工绘制，并把现场勘测得来的信息进行记录，其内容包括事故发生的时间和地点、道路几何结构、道路宽度、交通参与者、痕迹信息、位置信息等。

而事故现场图是根据事故现场记录草图和其他的勘查记录材料，按照《道路交通事故现场图形符号》（GB 11797—2005）的相关规定和通过一定比例绘制的交通事故现场全部或局部的平面图形。相对于现场记录草图，事故现场图能更形象地表现事故形态和能更加准确地记录下事故现场车辆、人员、物体、痕迹之间的相互位置关系。事故现场图是事故调查、分析的重要依据，其绘制内容主要有以下几部分：

（1）事故现场的基本信息，事故发生的时间、地点、路面性质、天气情况。

（2）道路几何结构特点，道路的布局走向、车道数量、交叉路口的结构形式等。

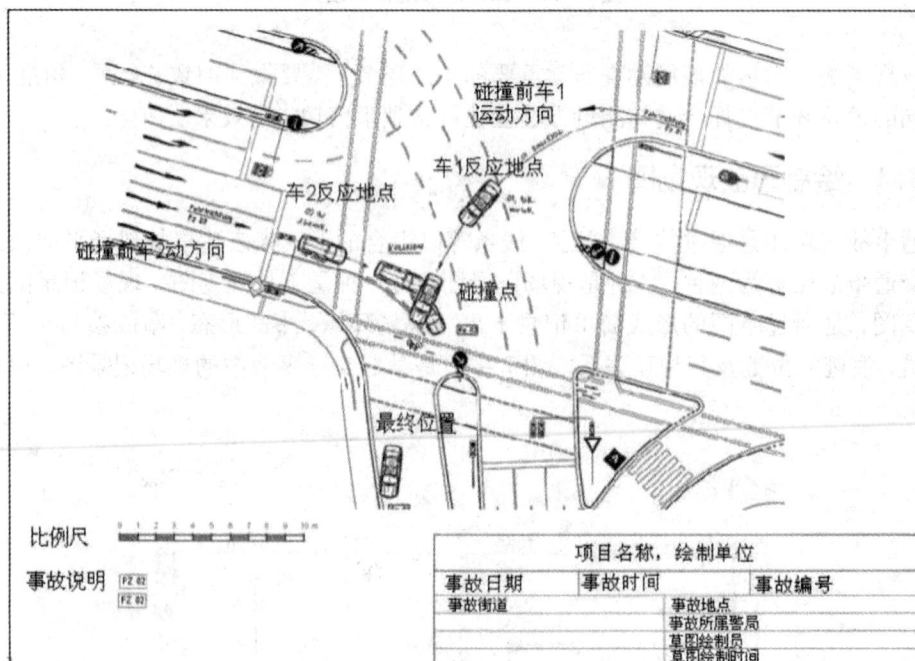

图 7 – 32　绘图系统绘制的交通事故现场图

（3）交通参与者，参与事故的车辆、人员、物体（包括牲畜）。

（4）动态痕迹要素，路面上遗留的轮胎痕迹、划痕、血迹、水迹、油迹等。

（5）道路附属物，各种道路标志、标线、隔离带、安全岛、防护栏、树木等。

（6）事故现场周围环境要素，如公共设施、建筑物、植被等。

（7）位置坐标，各种距离、角度及位置关系的标注等。

（8）其他，包括事故类型标注、事故发生前后交通现象的标注、方向标志、绘图比例尺、绘制人员、绘图时间等。

事故现场图往往是一张正投影图，从事故现场的正上方俯视视角下，按比例准确地将事故现场的各种元素按照垂直于路面的角度进行绘制，这种绘制方式能更好地反映现场元素的状态和位置关系。

7.4　道路交通事故现场痕迹信息分析

对于一起交通事故,我们要想弄清楚整个发生过程及事故原因就要将事故发生的整个时空确定为事故现场,对所有的信息逐一进行核对采集,再对痕迹发生的过程进行关联性分析。很多时候,疑难事故案例的发生恰恰是因为我们现场勘验错漏了重要的信息,或者勘验过程中一些痕迹消失了等。这都要求我们从信息采集开始就要高度重视,特别是一些可能存在争议或者疑义的事故,因此,需要针对目前的事故现场痕迹进行归类分析,总结出痕迹信息采集的重点和顺序规则,方便指导民警实际事故现场勘验。

虽然公安部交通管理局 2006 年制定的《道路交通事故信息采集项目表》,但对于一线民警仅仅依照《道路交通事故案卷文书》(GA 40—2008)处理事故时进行了过多简化,且采集顺序、采集项目不尽合理。因此需要事故现场信息采集表格来指引勘查人员按照一定的顺序,快速而有序地对事故现场信息进行采集,而不受事故现场勘查人员的经验、素质等人为因素的影响。

道路交通事故分为单车事故、车 – 人碰撞事故、车 – 两轮车碰撞事故、车 – 车碰撞事故等不同事故类型。其中车 – 车碰撞事故发生频率较高,且一旦发生,情况严重、现场复杂。因此,本节将通过对车 – 车碰撞事故现场痕迹进行分析,提出制作事故现场此类表格的流程,再以车 – 车事故为例进行说明,最后设计面向事故再现的道路交通事故现场信息采集表。

1. 车 – 车碰撞事故痕迹分析

车 – 车碰撞痕迹分析是以车辆的损坏情况、车辆最终位置、道路痕迹、人员伤亡情况等信息为依据,参考目击者或当事人的陈述,对事故的发生过程进行推断。通过痕迹分析可以知道事故现场痕迹信息的采集重点,是制作痕迹采集表的重要依据。

车 – 车碰撞事故的痕迹具有以下特点:

(1)车体痕迹的形成符合运动学、力学等客观规律;车体痕迹以碰撞、刮擦痕迹为主,也常有车体分离痕迹;总体上造痕客体和承痕客体较大,比较容易发现。

(2)地面痕迹可分为撞击痕迹、刮擦痕迹、挫压痕迹和地面轮胎痕迹及其他如散落物痕迹等五种。地面轮胎痕迹主要为滚印、压印、拖印和侧滑印。

车 – 车碰撞事故现场痕迹可以辅助我们判断事故发生的过程,具体体现在以下几个方面。

1)判断车辆行进方向

车辆的行驶方向对事故认定非常重要,是决定是否按照法规合法使用道路的因素。通过车体痕迹分析,可以找到撞击着力点,进而可以判断撞击前车辆的行驶方向。通过地面轮胎痕迹判断事故车辆行驶方向,例如根据制动时轮胎花纹颜色深浅判断,由清晰变模糊为行进方向。在水泥等硬质路面上转弯处的轮胎痕迹上形成相互平行的倾斜线条,外侧轮胎的侧滑印迹比内侧轮胎的印迹更重、更清晰。通过原来车体或装载货物抛洒出去的形状分析出车辆相对的运动方向,从而可以大致判断车辆行驶方向。

侧滑印迹分为制动侧滑印和驱动侧滑印。如果轮胎以侧偏角 α 速度 v 行驶,滚动速度为

v_b，那么制动滑动率为 s，则

$$s = \frac{v\cos\alpha - v_b}{v\cos\alpha}$$

令胎面的滑动方向角 θ 和侧偏角 α 之间关系为：

$$v\sin\alpha = (v\cos\alpha - v_b)\tan\theta$$

由此得到：

$$\tan\theta = \frac{1}{s}\tan\alpha$$

当制动时，线条痕迹与车辆行驶方向成锐角，驱动时，角度呈钝角。

2）确定碰撞点范围

确定车–车碰撞事故发生时的第一碰撞点，对于事故再现和事故认定有重要意义。接触点是事故认定的重要证据，现场勘验痕迹分析重要的内容就是找准接触点，反映事故碰撞时的空间关系。

（1）可以依据轮胎侧滑印突变点判断碰撞点。

车辆行驶时车轮突然受到侧向或纵向撞击力，车辆轮胎偏离原来的行进方向，这时候可能车辆已经制动，由于拖移在地面上产生侧滑印，轮胎印迹突然转折，转折后的痕迹宽度比原来的痕迹面宽，侧滑印迹线条的开始处就是侧滑过程的突变点，也就是撞击瞬间车轮的位置。根据突变点的位置再考虑车辆的有关参数和距离就可以确定碰撞点。

（2）依据散落物的位置和抛洒发现判断碰撞点。

车辆在行驶过程中突然速度改变或者遭受外力撞击后，车辆易损部件（挡风玻璃、大灯、油漆、观后镜等）或者车身装载物会在外力惯性的作用下掉落。挡风玻璃的掉落距离和车速的关系可以根据自由落体运动学规律计算，现场痕迹测量就要测出玻璃散落的距离和范围。

3）判断碰撞角度

确定接触角度是我们进行事故再现的重要输入参数，角度决定是否有行驶路权和碰撞的仿真结果，这是道路交通事故认定的基础。因此，通过地面轮胎痕迹和车体痕迹可以综合分析确定接触碰撞角度。在这些痕迹中，我们通过轮胎印迹确定事故车辆在发生碰撞前的行驶路线，进而确定车辆与其他车辆的接触角度。车体刮擦痕迹能反映车体表面的平面痕迹或立体痕迹，通过发现两接触物体表面切线方向作用力形成的塑性变形，就可以大致确定车辆发生碰撞时的接触角度。车体撞击痕迹也可以反映车辆碰撞时的接触角度，只是必须仔细观察车辆撞击或被撞击部位的几何形态，然后结合对应被撞击或撞击部位的几何形态分析确定。

2. 车–车事故现场信息采集表的制作

1）事故现场信息采集表格制作原则

事故现场信息采集表格，可以指引事故现场勘查民警按照一定的顺序，快速而有序地对事故现场信息进行采集，而不受事故现场勘查人员的经验、素质等人为因素的影响。对于一线警察而言，采集事故现场的信息，主要有两个目的，一是全面掌握事故情况录入全国交通事故管理系统，用于分析再现事故的成因和过程；二是固定现场证据，用于辅助事故认定。

不管用于哪个目的，均需要对事故进行再现仿真。因而，对于事故再现仿真需要的痕迹，则必须先采集；不重要的可以稍迟采集。如果还注意到事故现场有些痕迹比另外的痕迹更加容易消逝，则有必要将更易消逝的痕迹先采集，不容易消逝的痕迹可稍后采集。同时，

为进一步降低信息采集的难度，可以将事故现场痕迹信息采集表格按照不同类型的事故现象进行分类，即可以依据车–车碰撞事故、车–人碰撞事故、车–两轮车碰撞事故、单车事故等不同的事故现象，制定出与之对应的不同表格。

由此可知，事故现场痕迹采集表格的制作原则，分别为时间性原则和重要性原则。

（1）时间性原则。

所谓时间性原则，指的是事故现场痕迹随时间消逝的快慢程度。对于交通事故现场痕迹而言，其中的一些痕迹更易于受到外界影响而失真，甚至会很快地消逝，而另外一些痕迹则相对而言在现场保留得久一些。例如车–车碰撞事故中，两车在路面留下的制动痕迹、挫痕等就极易受到外界的影响而失真，而车体的变形，相对而言就会比较稳定。因此，在事故现场痕迹采集过程中，需要将时间上更易消逝的痕迹先采集到，不易消逝的痕迹则可以放到痕迹信息采集表的后面部分，稍后采集。

（2）重要性原则。

所谓重要性原则，顾名思义，就是重要的痕迹信息要先采集，不重要的痕迹信息可以稍后采集。我们这里所说的重要性，指的就是对于事故再现仿真而言。从事故现场勘查总体上来说，交通事故现场的所有痕迹均是重要的，是交通事故不可分割的一部分。但对于具体的事故再现仿真要求而言，则其又有轻重缓急之分。例如单车事故，一般而言，事故车辆在路面留下的路面痕迹，就比车体变形的痕迹更为重要一些。

因而，对于不同的事故现场痕迹，有必要将重要的痕迹先采集到，次重要的痕迹则可以放到痕迹信息采集表格的后面，稍后再采集。故在事故现场痕迹采集过程中，事故现场勘查人员根据对事故进行的预判，从而选定相应的事故现场痕迹信息采集表格。

2）事故现场信息采集表格制作流程

前面给出了制作事故现场痕迹信息采集表格的两个重要原则，即重要性原则和时间性原则。在此原则的指引下，再按照一定的流程，则可以获得实用、有效的表格。依据时间性原则，需要对易受事故现场其他因素影响的痕迹和易受时间影响的痕迹进行分类与总结。

事故现场痕迹可以分为四大类，分别为道路痕迹（制动痕迹、挫痕、洒落物等）、车体痕迹（车辆变形、刮擦）、人体痕迹（人体损伤）及其他痕迹（路面监控等）。在进行采集表的制作时，需要根据时间性原则、重要性原则对其内容及先后排序进行分析，以获得实用有效的表格。

其中，人体痕迹与车体痕迹相对较易保存：对于车体痕迹，一般情况下还可以返回车辆查扣停车场进行验证再测量；对于人体痕迹，则医院一般会留下一些明显的证据如 CT 扫描图像等。对于分离痕迹与路面痕迹，其受人因及环境的影响很大，过往车辆、风雪等，都会对这些痕迹进行破坏；而且一旦事故现场解除，则重新对这些痕迹进行测量的可能性几乎为零，故在时间性上来说，这两类痕迹是最需要尽快采集的。而其他痕迹，例如视频监控，一般是事后再调取，在一定时效范围内是不会消失的，故完全可以放入到事故现场痕迹信息采集表的最后。

依据重要性原则来看，现场勘查的交通警察需要对事故再现技术有一定的认识，只有如此，才能明确哪些痕迹是非常重要的。对于事故再现而言，痕迹越多、越能够说明事故事实，则越有利于再现出事故的真实情况。当然，我们强调的重要性是相对于事故再现的重要性，而且此重要性也是从所有重要痕迹中选择更重要的痕迹，并非表示另外的痕迹就不重要。

在前述车 - 车事故现场痕迹分析的基础上,车 - 车碰撞事故需重点勘查事故车辆、道路两个方面的痕迹,而环境及人等其他方面的因素涉及较少,可以放到稍微次要的位置。基本的事故现场痕迹信息采集项目包括事故时间、事故地点、现场形态、车上是否装有危险物品、天气状况、事故车辆是否逃逸、路面状况、照明条件、人员死伤、财产损失、事故形态等方面,依据两个原则,最后制作出道路交通事故现场信息采集(表7-1)。

表7-1 车 - 车事故现场痕迹信息采集表

<table>
<tr><td colspan="4">车 - 车事故现场痕迹信息采集表</td></tr>
<tr><td>事故时间</td><td colspan="3">年　　月　　日　　分</td></tr>
<tr><td>事故地点</td><td colspan="3"></td></tr>
<tr><td>人员伤亡情况</td><td colspan="3"></td></tr>
<tr><td>事故形态</td><td colspan="2">1.原始;2.变动;3.逃逸;4.无现场;5.二次现场;6.伪造现场;7.其他</td><td></td></tr>
<tr><td>参与车辆</td><td colspan="2">1.两车;2.三车;3.三车以上</td><td></td></tr>
<tr><td colspan="4">道路情况</td></tr>
<tr><td>路表情况</td><td colspan="2">1.干燥;2.潮湿;3.积水;4.漫水;5.冰雪;6.泥泞;7.其他</td><td></td></tr>
<tr><td>路面状况</td><td colspan="2">1.路面完好;2.施工;3.凹凸;4.塌陷;5.路障;6.其他</td><td></td></tr>
<tr><td>路面性质</td><td colspan="2">1.沥青;2.水泥;3.砂石</td><td></td></tr>
<tr><td>路面形态</td><td colspan="2">1.直线道路;2.陡坡道路;3.急弯道路;4.直角道路;
5.曲线道路;6.其他</td><td></td></tr>
<tr><td>交通控制方式</td><td colspan="2">1.无控制;2.民警控制;3.信号灯;4.标志;5.标线;6.其他</td><td></td></tr>
<tr><td>道路痕迹采集</td><td colspan="3">拍摄、测量</td></tr>
<tr><td colspan="4">车辆信息</td></tr>
<tr><td rowspan="3">车辆自身情况</td><td>车牌号</td><td>车辆型号</td><td></td></tr>
<tr><td>碰撞方位</td><td>碰撞后形态</td><td></td></tr>
<tr><td>车辆使用年份</td><td>车辆安全性能</td><td></td></tr>
<tr><td>车辆安全
气囊状态</td><td colspan="2">1.无气囊;2.未碰撞自展开;3.碰撞后正面气囊展开;4.碰撞后侧面气囊展开;5.碰撞后正面侧面气囊展开;6.碰撞后气囊未展开;7.不明</td><td></td></tr>
<tr><td>是否运载危险品</td><td colspan="2">1.是;2.否</td><td></td></tr>
<tr><td>运载危险品事故后果</td><td colspan="2">1.爆炸;2.气体泄漏;3.液体泄漏;4.辐射泄漏;5.燃烧
6.无后果;7.其他</td><td></td></tr>
<tr><td>车辆载货信息</td><td>实载数</td><td>(人/kg)</td><td>核载数　　　　　(人/kg)</td></tr>
<tr><td>车辆损坏情况</td><td>受损位置</td><td>程度</td><td></td></tr>
<tr><td colspan="4">对车辆的相对位置、变形、刮擦等进行拍摄、测量采集</td></tr>
<tr><td colspan="4">环境情况</td></tr>
<tr><td>照明情况</td><td colspan="2">1.白天;2.夜间有路灯照明;3.夜间无路灯照明;4.黎明;5.黄昏</td><td></td></tr>
</table>

续表 7 - 1

天气状况	1. 晴；2. 阴；3. 雨；4. 雪；5. 雾；6. 大风；7. 沙尘；8. 冰雹；9. 其他	
能见度	1. 50 m 以内；2. 50～100 m；3. 100～200 m；4. 200 m 以上	
周围环境	1. 嘈杂人流多；2. 安静人流少；3. 其他	

人员情况

驾驶人基本信息	姓名		性别		
	年龄		驾龄		

		乘员人数	死亡人数	受伤人数
车内不同 位置死伤	驾驶位置乘员			
	副驾驶位置乘员			
	乘员区左侧乘员			
	乘员区右侧乘员			
	乘员区中间乘员			

		抛出人数	未抛出人数
车辆乘员抛出车辆情况	死亡乘员		
	受伤乘员		
	未受伤乘员		

证人证言	1. 有证人并已经采集到证言；2. 有证人但尚未采集证言；3. 无证人		
	证人姓名	身份证号码	联系方式
	1		
	2		
	3		

是否有摄像头	1. 是；2. 否	能否提取监控	1. 能；2. 否	

其他需记录的信息

现场勘查人员签名：　　　　　　　　　　　记录人签名：

当事人签名：　　　　　　　　　　　　　见证人签名：

复习与思考题

1. 什么是深度事故调查？

2. 深度调查有哪些方法？

3. 事故现场遗留的痕迹比较常见的痕迹有哪些？

4. 绘制事故现场图时有什么要求？

第8章 道路交通事故再现

8.1 道路事故再现的基本概念

道路事故再现是以事故现场肇事车辆的损坏情况、停止状态、人员伤害情况以及各种形式的痕迹为依据，结合当事人和目击者的陈述，对事故发生的全部经过作出合理推断的过程。其关键是发现和提取事故现场遗留的各种事实证据，并对其作出科学、合理的解释。为了正确地进行事故再现，必须掌握与事故有关的各种数学、力学、工程学的基本原理，但数学、力学和工程学的计算结果往往只有在符合经验和不违背常识的基础上，才能发挥其作用。对于一起事故正确而全面的再现分析相当于进行了一场实车事故的实验，可以从中获得许多在现实条件下用其他方法无法得到的宝贵资料。

道路交通事故再现的两大核心任务是确定事故车辆碰撞车速及碰撞发生位置。碰撞发生位置一般是根据事故现场痕迹的突变等证据直接进行判断，而事故车辆车速则必须根据事故现场痕迹再结合相关理论进行计算才能间接获得。由此可知，事故现场痕迹是事故再现的基础，其包括道路痕迹、人体痕迹、车体痕迹以及其他痕迹。为获得事故车辆车速，人们一开始是集中于依据单一的痕迹信息进行判断，提出了基于各类单一痕迹的事故车速计算方法。

（1）在道路痕迹方面，极具代表性的方法是基于车辆制动距离、行人抛距的事故车速计算方法。依据能量守恒的原则，可以视为碰撞后车辆的动能完全转换为热能通过车辆与路面的摩擦而被相关参与方吸收，由此计算出事故车辆车速。这虽然没有新意，但不可否认的是，如果车辆在事故中完全制动，用这一方法所获得的事故车辆车速的可靠性是很高的；但如果事故车辆未完全制动，即车路之间的摩擦因数不能正确给出，则无法使用此类方法获得可靠的结果。

基于行人抛距的事故车速计算方法的研究很多，在早期人们通过物理试验并借助回归分析方法获得了若干行人抛距与事故车辆车速之间的关系模型，随着仿真技术的发展，也有相关研究者借助仿真试验，对已有的关系模型进行了进一步的补充。事实证明，这些方法对于计算事故车速特别是车－人碰撞事故中事故中车辆的车速，均具有极高的应用价值。

但有这样一个问题被提出，那就是如果在碰撞未知的情况下，该如何对事故车辆车速进行判定呢？有些研究者指出：可以通过研究行人抛距与车辆制动距离间的关系，进而对事故车速、碰撞发生位置、车辆制动情况等进行判定，并通过试验及案例证明确实可行。

（2）在人体痕迹方面，通过长期的研究，学者们对人体不同部位的损伤与车速的对应关系进行了研究，并得到了若干有价值的结论。主要是依据人体损伤对交通事故进行再现分析，这些结论为更好地利用人体损伤再现事故提供了一定的方法支持。可因人体损伤涉及损伤生物力学领域，人们更多的是从行人保护、人体不同部位耐受极限以及碰撞后人体动力学响应等角度出发，对交通事故进行再现研究分析，以寻求降低事故中行人损害的相关措施，从而提出改善道路交通安全的方法。这些研究工作的开展，一般很难通过纯理论的手段解决问题，往往需借助相关仿真软件来得以实现。

（3）在车体痕迹方面，相关研究工作开展得相对较早，人们早就建立起了车体变形与车速的若干对应关系。通过将车体视为弹性体，在大量实验与理论研究基础上，进而建立起了车辆变量与事故车速的对应关系，或者通过研究摩托车轴距的缩短而预估其碰撞的车速。随着科技及技术手段的进步，人们现在已经开始尝试着依据车辆挡风玻璃的变形量预估车人碰撞事故中事故车辆的车速，并已经取得了建设性的成果。同人体损伤痕迹的研究方法一样，车体损伤痕迹在事故再现中的应用往往也需要借助仿真软件才能得以实现。

（4）在其他痕迹方面，主要包括玻璃碎片、视频监控录像等痕迹信息在事故再现中的应用研究。吉林大学许洪国教授团队根据其早期在事故再现实践工作中的工作需要，提出了利用玻璃碎片抛距计算事故车速的思路，并提出了玻璃碎片广义抛距、硬路面玻璃碎片抛物运动等模型，且将这些方面应用到实际的事故再现分析中。

随着我国道路监控视频的大力推广普及，拥有视频录像的交通事故越来越多，对于此类事故，人们更愿意去调用视频监控录像，再进行合理的处理，以获得可靠的事故发生全过程。但需要提出的是，人们的视频图像技术不再仅仅是用来获取事故车辆车速，更多的是用于再现事故现场。随着时间的推移，人们逐渐意识到仅依赖单一痕迹再现事故，所获得结果的说服力是有限的，因而有必要利用尽可能多的事故现场痕迹，对事故再现结果进行交义验证，进而提高再现结果的客观可信性。

8.2　事故再现的仿真软件

8.2.1　常用仿真软件的介绍

从理论上来说，借助仿真软件是能够比较完美地再现任何一例交通事故的，且其所得的结论亦是具有极高的说服力，至少比任何仅依靠单一痕迹的事故再现结果的可靠性要高得多。

当前，国际上用于事故再现分析的计算机软件逐渐发展并趋于完善，主要集中在欧美和日本等发达国家。美国于 20 世纪 70 年代开始应用计算机辅助进行交通事故分析，相应的软件有 Smac、Crash、Edcrash 和 Edsmac 等。其中 Smac 软件是模拟类软件的代表，主要使用牛顿第二定律的数值积分进行求解，Crash 软件则采用碰撞前后的能量守恒和平移动量守恒求解碰撞过程。在日本，交通事故分析计算技术己开始用于辅助分析交通事故原因和责任，比较典型的事故再现分析软件还有 Madymo、Ls - dyna 等。前者为多刚体软件，其求解器亦具备有限元与多刚体系统耦合的计算能力；后者为有限元软件，以非线性动力分析为主，兼有静力分析功能。这两款软件在其各自的领域均具有良好应用。但因其建模相对复杂且相比于其他软件价格稍显昂贵,故在事故再现分析领域的应用还处于实验室阶段。奥地利 H. Steffan 博士开发了 Pc – Crash 软件,是用于典型交通事故的模拟系统,近年来还在不断将其完善,将多体系统动力学软件 Madymo 的人体模型引入车撞行人等事故情形的分析当中。国内二十几所高校和科研院所购买了 Pc – Crash 仿真软件,交警部门也在使用,Pc – Crash 仿真软件在国内得到了较为广泛的应用。

典型事故分析再现软件的基本功能一般包括三部分:

(1)事故收集:绘制事故现场图并将各种参数数据输入计算机。

(2)事故再现:结合专家经验,利用模型的分析计算进行运动学和动力学再现。

(3)事故过程分析:以动画仿真等形式给出分析结果。

将这些国外的软件应用到我国,存在一个实用以及本地化的过程,学者们就此展开了大量的研究工作,探索了如何将 Pc – Crash、Madymo 软件等应用于我国的事故再现领域,并进一步借助这些软件探索了交通事故中人的伤害、事故参与者的动力学响应等问题,以为改善相关交通设备提供依据。其中基于 Pc – Crash 的仿真再现技术,因能充分利用事故现场痕迹再现事故而备受欢迎,国内外学者对运用 Pc – Crash 进行事故仿真模拟再现已展开大量研究。

8.2.2　Pc – Crash 简介

Pc – Crash 为奥地利 DSD(Dr. Steffan Datentechnik GmbH)公司开发的专用于事故再现分析的软件,软件包含两大部分:Pc – Rect,Pc – Crash。前者可将现场拍摄所得图片转换成分析系统所需的 DXF 文件;后者为事故再现分析系统,其中含有轨迹、拖车、多刚体模型及基于动量守恒的碰撞模型等,可实现对常见事故形态的模拟分析。

Pc – Crash 具有建模简便、响应迅速、模拟碰撞形象逼真等特点,还引入了多刚体建模软件 MADYMO 中的多刚体模块中的多刚体假人模型,使得该软件可以更好地对交通事故中的事故车辆与行人碰撞后事故车辆运动的形态及行人人体各部分运动响应信息进行仿真再现。

用 Pc – Crash 软件对交通事故进行再现仿真,最为基础的部分在于事故现场图的输入,有了事故现场图后,则能在此基础上重建事故现场,然后再输入各类事故参与者,接着调整相应的参数,最后通过反复调整碰撞前速度、角度以及各事故参与者之间的摩擦因数等各种参数,从而使得仿真结果与实际情况尽可能地吻合。此时的仿真结果可认为是最能反映实际事故情况的结果。

Pc – Crash 在事故再现分析领域中应用很广泛的原因是:软件中含有许多事故参与者的信息模块,包括车辆模块、人体模块和道路模块,借助这些模块则能很容易地建立起各类事故参与者的模型,再通过模拟的形式,便可以将很多本身难度较大的事故形态的仿真分析简单化。Pc – Crash 的有效性已经被国内外诸多学者验证,并得到了国内外同行的充分认可,成为道路交通事故再现分析不可或缺的软件。

8.2.3　基于 Pc – Crash 交通事故再现的一般步骤

在对每一起交通碰撞事故进行再现之前,都需要先掌握并分析事故的详细资料,如事故现场道路状况的调查分析、人员损伤情况调查、车辆损坏状况分析、驾驶员的反应情况等。当这些工作都完成以后再开始对事故进行再现,往往分为重建事故现场、建立事故参与者模型、对事故进行仿真、仿真结果分析这四个部分。

1. 重建事故现场

要进行事故再现，首先就要对事故现场进行重建。在重建事故现场时，一般是以现场勘查时所绘制的事故现场草图为依据，利用相关绘图软件如 CAD 进行绘制，然后将绘制好的现场图放进仿真软件按照相应比例调整好即可。

绘制事故现场图的方法如下：①将事故现场照片通过 Pc – Rect 转化后获得的俯视图；②利用作图软件（如 AutoCAD）所绘制的现场图；③利用 Pc – Crash 自带的作图工具"EditDXF Drawing"绘制。

通过前两种方法获得的图片可直接输入 Pc – Crash 软件内并按比例缩放，便能在 Pc – Crash 内建立对应的事故现场二维视图。当事故现场的二维视图被建立后，如果事故发生在平坦干燥的道路上，则仅需再建立其他事故参与者如防护栏、行道树等的模型；而如果事故发生在三维道路，则还需进一步利用 Pc – Crash 自带的三维道路模型，重建三维道路及道路周边环境（如边沟等）。

2. 建立事故参与者模型

Pc – Crash 软件与其他仿真软件相比有一个非常突出的优点，就是本身拥有非常全面的车辆和数据库，在建立车辆模型时只需按照车辆的品牌型号从中调用即可。其中车辆包括电动车、小轿车、面包车、客车等各种车型，也有归为非机动车的自行车模型。若在车辆数据库中缺少相应的事故车辆，可以调入型号与之相近的车辆模型，之后按照事故车辆的相关参数进行修改，则可获得所需的事故车辆模型。

人体模型同样很丰富，包括行人、骑车人、驾驶员和乘员，也可以按实际情况调用和更改参数。其他事故参与者如墙、防护栏、树等的模型也可以直接调用。一般而言，只需建立事故参与者的模型，未参与事故的物体尽量不建模，否则会延长仿真时间。

3. 对事故进行仿真

前面两个步骤是为仿真做准备的，当前两步完成之后便可以开始对事故进行碰撞仿真，其具体操作可根据以下步骤进行：①将车辆或人体模型放置在现场图推断的碰撞位置。②根据现场信息及相关经验设置好相应的仿真参数，如车速、加速度、碰撞角度、碰撞点位置、摩擦因数等参数。③进行碰撞仿真。④比较仿真结果与事故现场图的吻合程度，若吻合度高则仿真结束，若吻合度低，则回到第二步对其仿真参数进行调整，再继续第三步仿真，直到仿真结果与实际相吻合为止。

4. 仿真结果分析

为了确保事故再现结果的可靠性，将仿真中车辆或人体的碰撞位置、运动轨迹、以及最终停止位置、变形或损伤等信息与实际情况进行一一对比。若绝大部分吻合，则表明事故再现相对成功，若不吻合，则须回到第一步再重新开始，直至结果满意为止。

8.3　基于 Pc – Crash 的车 – 人碰撞事故再现

8.3.1　车 – 人碰撞事故再现的仿真分析

本节将以 Pc – Crash 为仿真平台，充分利用可获得的事故信息，研究基于该软件的

车 – 人碰撞事故再现。

利用 Pc – Crash 实现车 – 人碰撞事故仿真分析时,将车辆视为刚体,其几何尺寸通过图 8 – 1中参数确定。行人模型则由多个刚体组成,不同刚体间通过铰链连接,每个刚体代表不同的部分如头、躯干等。其外形由一个椭球体定义,椭球参数以及刚体的质量、接触刚度、摩擦因数等都可单独指定。现有的 Pc – Crash(8.0 版)自带成人假人模型由 16 刚体和 15 铰链组成,如图 8 – 2 所示。

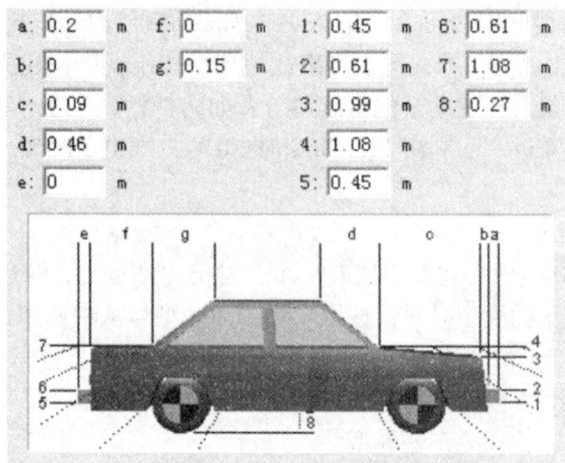

图 8 – 1   车辆轮廓参数

图 8 – 2   行人多刚体假人模型

8.3.2 一起真实的车–人碰撞事故的再现

1. 案例介绍

2007 年某日上午在某国的一交叉路口，一行人（亚裔，女，20 岁）走到行驶的汽车前，被撞后被冲击力抛入合法停放路边的汽车底部，行人受到 AIS2 等级的伤害。

事故车辆为 1998 年产马自达面包车，事故发生前车辆状况良好，事故中车左前窗玻璃破碎。事故发生时，天气晴朗，能见度佳，路面平直干燥，行驶道路限速为 60 km/h。据驾驶员回忆描述，事故发生前其未采取任何有效措施防止碰撞发生，其行驶速度约为 55 km/h，事故现场图见图 8 – 3。根据警察报告可知事故发生后行人最终停止位置为：停放在路边车辆的车底紧挨前轮处，且两脚从车底下伸出来。

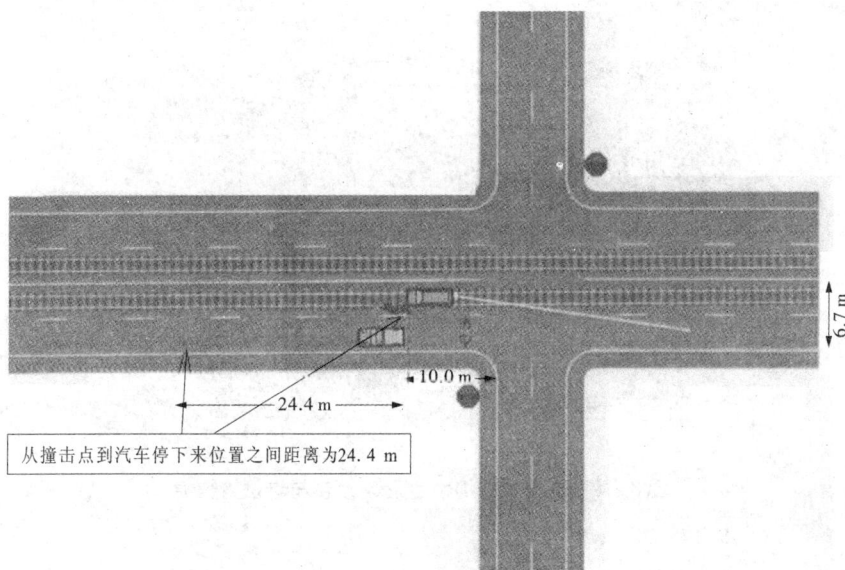

图 8 – 3 事故现场图

2. 事故再现

1）重建事故现场

依据事故现场信息及事故现场图，构建事故发生地点的二维或三维模型。该步骤可先通过直接导入事故现场图的图片，按比例缩放后，再在此基础上利用 Pc – Crash 内的三维道路生成模块实现。本案例事故发生在平直公路上，仅需构建事故现场的二维道路，无需生成三维道路。本案例中重建后的事故现场可参见图 8 – 1。

2）建立事故车辆和人体模型

一般而言，通过 Pc – Crash 内的车辆数据库可以获得事故车辆的很多信息，如长、宽、高等，但车辆的外形尺寸则很难获取。而车辆信息中外形参数为非常敏感的参数，故应该尽可能准确地获取图 8 – 1 中的各参数的值，特别是车头部分参数的值。这些参数的值一般可将肇事车辆的图片经由 Pc – Rect 软件处理后获得，或直接将肇事车辆的侧视图输入 Pc – Crash 软件内经适当缩放后测量获得，本案例中事故车辆外形轮廓参数见图 8 – 1。

　　行人模型可以通过输入 Pc – Crash 内自带假人模型而获得，模型输入软件界面后，应修改其身高、体重等参数值，本案例中，行人身高为 159 cm，体重 50 kg。

　　3) 对事故进行仿真

　　通过反复地调整车辆的速度，行人行走速度、姿态以及人 – 车、人 – 路间摩擦因数等参数，以使得人 – 车碰撞接触位置与事故信息相吻合以及行人最终停止位置与事故现场停止位置尽可能一致。当吻合程度达到最好时，则认为所对应的各参数值为最优值。

　　通过反复仿真发现，当取车辆车速 55 km/h，行人行走速度 10 km/h，车 – 路间摩擦因数 0.8，车辆制动系协调时间 0.2 s，人 – 路间摩擦因数 0.6，人 – 车间摩擦因数 0.2 时，所得仿真信息与事故信息最吻合。图 8 – 4 给出了仿真中碰撞发生后事故参与者位置等信息；图 8 – 5、图 8 – 6 给出了仿真过程中，不同时刻人与车的相对位置；图 8 – 7 给出了行人最终停止位置，该图中车辆为合法停放在路边的车。

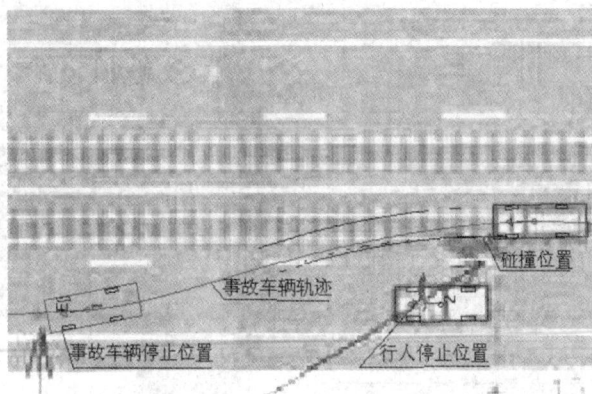

图 8 – 4　仿真中碰撞发生后事故参与者位置信息

图 8 – 5　仿真 0 时刻人车相对位置　　　　图 8 – 6　仿真 0.045 s 时刻人车相对位置

　　由图 8 – 4 可以看出，事故车辆最终停止位置与实际位置很接近(事故现场图中并未给出准确的事故车辆停止位置，但通过测量碰撞位置与停车位置车辆前左端点之间的距离为

图 8 - 7　行人最终停止位置

24.4 m，与现场图中给出的一致）；由图 8 - 6 可以发现，在碰撞发生后约 0.045 s 时刻，行人头部击中车辆左侧前车窗玻璃，这是导致车窗玻璃破碎的原因；图 8 - 7 中行人最终停止位置与警察报告中描述的相符。由图 8 - 5、图 8 - 6 及图 8 - 7 可知仿真能够反映实际事故情况。

4. 仿真结果的分析

利用 Pc - Crash 实现事故再现仿真时，最大的优势在于可以充分利用事故现场的各种有效信息，验证所得结论的合理性，从而使得再现分析结果更为客观、更有说服力。

所利用的证据主要包括车 - 人碰撞接触位置以及车、人停止位置等信息，但行人损伤及车辆变形等信息并未能够利用，而这些信息在事故再现分析中又很有价值，基于多刚体的车 - 人碰撞数字化重构中，车身结构的变形特性不能很好地体现，但行人的碰撞响应则是可以获得的。获得行人碰撞响应后再结合行人损伤生物力学知识则可确定其损伤情况。然后将仿真所得损伤情况与行人法医学报告对比，则能验证前述步骤仿真所得结果的合理性。

在本案例中，行人受到 AIS2 等级伤害这一信息未得到利用，下面将根据这一信息和仿真结果以及损伤生物力学的知识来验证仿真结果的合理性。仿真分析中行人各部位的损伤及 AIS 评分情况参见表 8 - 1。

表 8 - 1　仿真分析中行人各部位的损伤及 AIS 评分情况

部位	行人伤害标准	参考文献	仿真值	行人损伤推断	AIS 值
头部	HIC≤1000	[11]	$HIC_{15}=75.5$	头部未受到严重伤害	0
胸部	3 ms 合成加速度≤60g	[11]	18.28g	胸部未收到严重伤害	0
大腿	大腿骨折最大剪切力 6.3 kN	[1，12]	左股骨 3228 N 右股骨 2835 N	股骨未骨折	0
小腿	小腿骨折最大剪切力 4 kN	[1，12，13]	左胫骨 2407 N 右胫骨 4392 N	胫骨骨折	2
膝关节	2.1 kN≤膝关节耐 受限度≤3.1 kN	[12，14]	左膝 5904 N 右膝 7169 N	髌骨骨折	2

从表 8 - 1 中可以看到，行人的确受到的是 AIS2 等级的伤害，与所能获知的信息一致，据此，我们基本能确定事故发生时，事故车辆车速就为驾驶员所述的 55 km/h 左右。

本节提出以 Pc - Crash 为仿真平台，充分利用事故现场信息对事故进行仿真，通过对本节实际事故案例再现分析表明，仿真结果与所得到的对事故信息的分析相吻合。

8.4　基于 Pc - Crash 的车 - 车碰撞事故再现

8.4.1　车 - 车碰撞事故再现的仿真分析

本节将以 Pc - Crash 为仿真平台，充分利用可获得的事故信息，研究基于该软件的车 - 车碰撞事故再现。

利用 Pc - Crash 实现车 - 车碰撞事故仿真分析时，将车辆视为刚体，其几何尺寸同样通过图 8 - 1 中参数确定。

8.4.2　一起真实的车 - 车碰撞事故的再现

1. 案例介绍

在 2011 年某日晚上 23：30 左右，一辆在高速上行驶的计程车（2004 Jetta，后称其为甲车）由北向南行驶穿过道路间的隔离带欲进行掉头，被一辆由西向东行驶的奔驰车（2010 Mercedes - Benz S65 AMG，后称其为乙车）撞击其右侧中后部分。碰撞发生后，甲车发生顺时针旋转并向东滑移，并且在滑移的过程中与道路南面的防护栏发生了三次碰撞，与北侧的防护栏发生了一次碰撞，最后停在离两车碰撞位置 48.7 m 远的地方。乙车在与甲车碰撞后继续向东运动，也与南侧防护栏发生了一次碰撞，最后停在甲车东侧 21.6 m 远的地方。事故发生路段为干燥且平坦的直路，没有路灯，其事故现场图如图 8 - 9 所示。甲车产生严重变形，其损坏情况如图 8 - 10 所示，乙车头部产生变形其受损情况如图 8 - 11 所示。

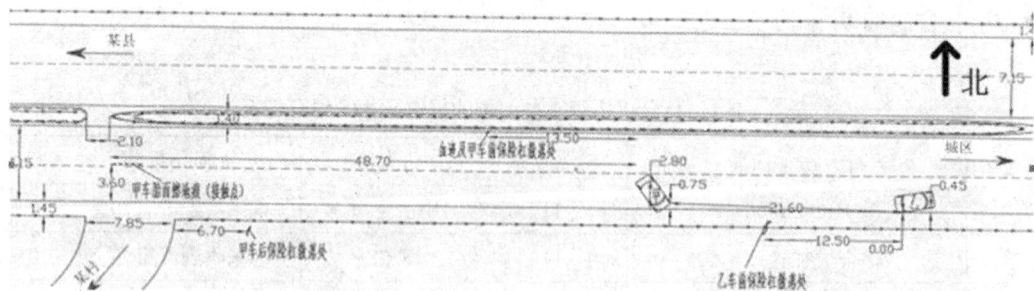

图 8 - 9　事故现场图

(a)右侧受损情况　　　　　　　　　　　　　(b)左侧受损情况

图 8 – 10　甲车受损图

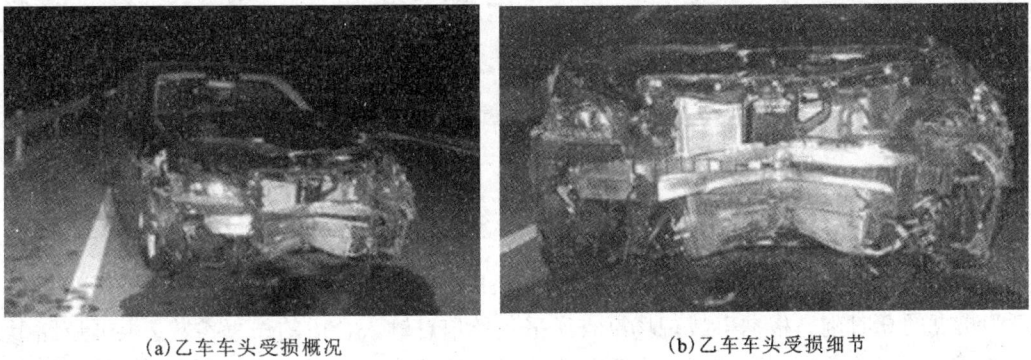

(a)乙车车头受损概况　　　　　　　　　　　(b)乙车车头受损细节

图 8 – 11　乙车受损图

2. 事故再现

下面将严格按照碰撞事故再现方法,对该事故案例进行再现。

1)重建事故现场

警方在事故勘查中已对该事故绘制了事故现场草图,因此可以利用绘图软件按照事故现场草图对该事故现场图进行绘制,绘制完成后将图片按照相应的比例放入 Pc – Crash 软件中,然后利用 Pc – Crash 软件绘制防护栏等立体环境,重建后的事故现场如图 8 – 12 所示。

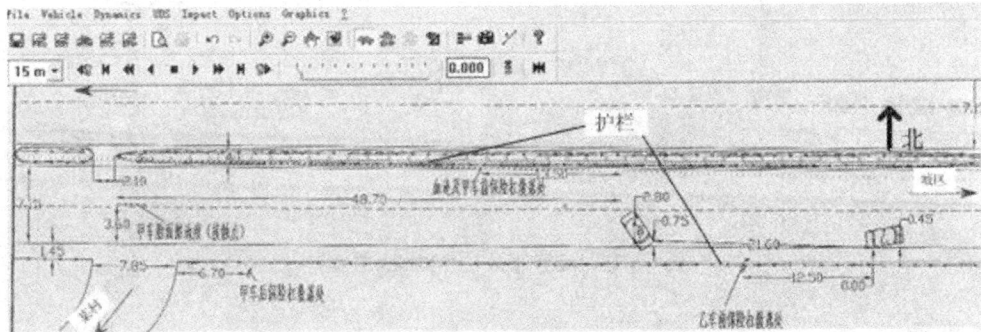

图 8 – 12　再现事故现场(二维视图)

2）建立事故车辆仿真模型

由于该事故案例的事故车辆在 Pc – Crash 软件的车辆数据库中都能找到，因此直接将车辆调入即可，同时还可以调入车辆的 DXF 模型使得仿真的三维效果更为逼真，车辆模型及事故现场的三维效果如图 8 – 13 所示。

图 8 – 13　事故车及再现事故现场(三维视图)

3）对事故进行仿真

首先仿真两车的碰撞，根据图 8 – 10 和图 8 – 11 的两车损坏痕迹，结合路面痕迹等有效信息将两车摆放在相应的碰撞位置，并调整成合理的接触方向和接触位置(图 8 – 13)，定义此刻为仿真的 0 时刻。根据事故现场勘查所采集的信息输入合适的仿真参数，根据道路痕迹定义仿真车辆碰撞后的驾驶路径，然后开始进行碰撞仿真，并利用 Pc – Crash 软件的优化计算器进行优化计算。

当仿真的车辆碰撞及碰撞后的运动状态与实际情况相吻合时，则认为这个碰撞仿真成功了；若不吻合，则重新开始，不断地调整车辆的位置、碰撞位置、碰撞速度等仿真参数，直至仿真结果与实际情况吻合。

在车辆碰撞的仿真完成后，再对车辆碰撞前的运动进行仿真。先锁定之前的碰撞仿真，回到 0 时刻，然后采用运动学仿真的方法，将两车的运动状态从 0 时刻往前推 1 ~ 2 s 则可获得碰撞前的运动，至此，两车碰撞事故仿真完毕，其整个运动状态如图 8 – 14 所示。

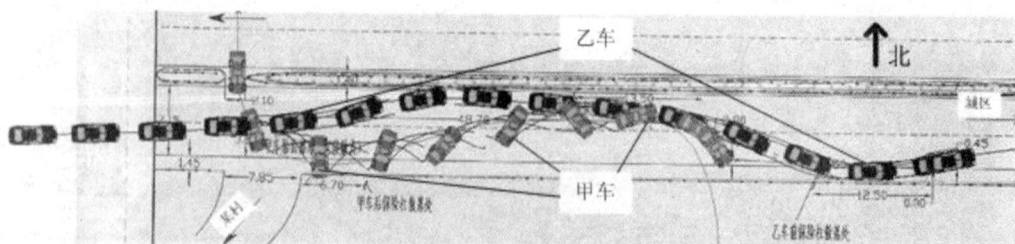

图 8 – 14　完整事故仿真结果(二维)

4）仿真结果的分析

当仿真结果与现场信息有效地吻合之后，得到仿真中甲车的碰撞速度为 15 km/h，乙车的碰撞速度为 110 km/h,甲车的 EES 值(equivalent energy speed,能量等效速度,在 Pc - Crash 中表示能量损失)为 54.72 km/h,乙车的 EES 值为 40.78 km/h。根据甲车的 EES 值在 EES 数据库中找到 EES 值与之相近对应的损坏车辆(图 8 - 15),该车的损坏情况与甲车的实际损坏情况十分接近;根据乙车的 EES 值在 EES 数据库中找到 EES 值与之相近对应的损坏车辆(图 8 - 16),该车的损坏情况与乙车的实际损坏情况十分接近。仿真中,甲车与南侧防护栏发生了三次碰撞,其碰撞位置与现场痕迹十分吻合,在三次碰撞中,有两次是车尾与防护栏接触,这与事故现场甲车后保险杠掉落位置相符;甲车在南侧碰撞完后往道路北侧驶去,并与北侧防护栏发生一次碰撞,其碰撞位置与前保险杠掉落位置接近。综上分析,可以认为此次仿真是成功的,对该两车碰撞事故的再现结果是客观、可靠的。

图 8 - 15 正碰车辆 EES 情况(Mercedes)

图 8 - 16 侧碰车辆 EES 情况(Jetta)

8.5 基于 Pc - Crash 的单车事故再现

8.5.1 单车事故再现的仿真分析

本节将以 Pc - Crash 为仿真平台,充分利用可获得的事故信息,研究基于该软件的单车事故再现。

在车辆的单车事故中,事故车辆常常是因驾驶员失去了对车辆的控制,从而使得车辆滑向非人力所控制的地方,引发与过往车辆、路旁行道路、电线杆、防护栏等其他事故参与者之间的碰撞而导致事故。

对于这一类事故,如果从车辆失控开始进行再现,往往很难控制仿真的全过程,特别是对侧滑后与其他事故参与者的碰撞过程的控制,会非常困难。就目前而言,仿真车辆失控侧滑的事故,其常规方法是:从事故发生开始时刻再现,即通过 Pc - Crash 软件内的"Sequences"菜单设置车辆不同运动时刻的制动、转向等相关控制参数,并选择让软件自动进行碰撞结果的判断,然后通过大量反复的仿真,直至仿真结果与实际事故中的痕迹尽可能吻合为止,从而完成仿真。

这一做法自然是可行的, 但存在两个方面的不足。其一, 在对这一过程进行仿真时, 需要同时控制所有事故参与者的碰撞位置、速度、角度、转向以及能量损失 [Pc – Crash 内可用 EES(equivalent energy speed)表示] 等参数, 可想而知, 其控制难度是很大的, 需要花费大量的人力和时间成本, 才有可能够找到一个与实际情况相互吻合的仿真; 其二, 在碰撞事故中, 事故参与者的变形对于判断事故中事故参与者的损伤以及在碰撞过程中事故参与者之间的相对位置具有巨大的参考价值, 而在此种方法中, 这一重要的信息难以得到客观、充分的利用。

Pc – Crash 软件可以提供一个"重新定义新仿真"的命令, 那么便可以考虑分步对事故进行再现分析, 即先仿真事故车辆的侧滑过程, 然后在对事故参与者之间的碰撞过程进行仿真, 具体的分步再现流程图可见图 8 – 17。

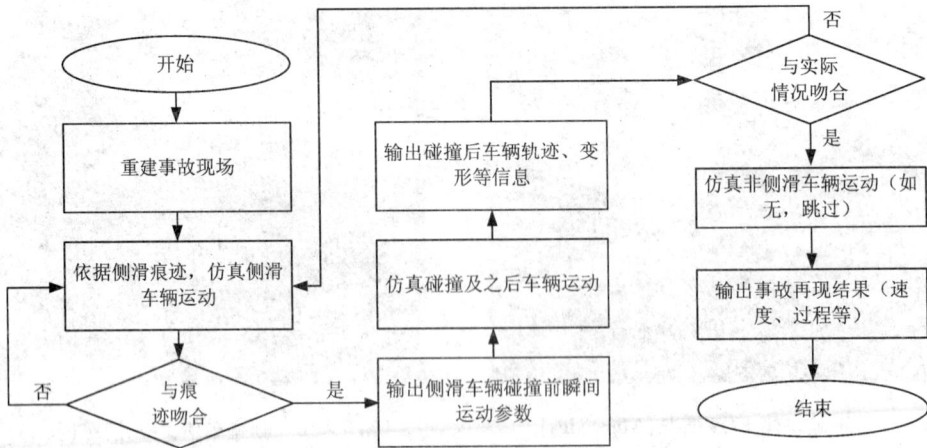

图 8 – 17　车辆侧滑事故分步再现的流程图

由图 8 – 17 可以看出, 本节中再现车辆侧滑事故的核心是分步。即先再现车辆侧滑阶段事故参与者的运动情况, 再定义新的仿真, 接着再现车辆与其他事故参与者的碰撞, 然后再定义新的仿真, 再现其他事故参与者在碰撞发生前的运动。需要说明的是, 这样的一个过程至少需要循环几次才能获得一个较为理想的结果, 并非在仿真前就能获得理想的再现结果。

8.5.2　一起真实的单车侧滑事故的再现

1. 案例介绍

此案例选自奥地利格拉茨科技大学汽车安全技术研究所中的道路交通事故深度调查数据库 ZEDATU(zentrale datenbanktödlicher verkehrsunfölle)。

案件情况如下:

在奥地利的某座城市的一个傍晚, 有一辆雷诺车(命名为车 1)因驾驶人操作失误而发生侧滑, 在侧滑到对向车道上时, 与奥迪车(命名为车 2)发生碰撞, 导致人员伤亡和财产损失的事故。事故发生地点是一段平坦干燥的道路且近似为直路, 图 8 – 18 给出该案例的事故现场示意图, 而在该案例中事故参与者等相关照片可参阅图 8 – 19 ~ 图 8 – 22。而图 8 – 18 中的标记信息如下, 即该图中 PP7 处所做的标记" ×"至另外一个标记"B25"中"B"处的距离, 为 22 m 整。

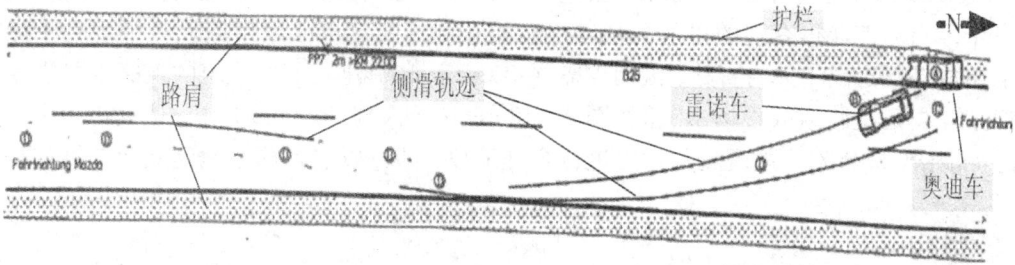

图 8 - 18　事故现场示意图

图 8 - 19　事故现场概览

图 8 - 20　事故后两车位置

图 8 - 21　奥迪车变形情况

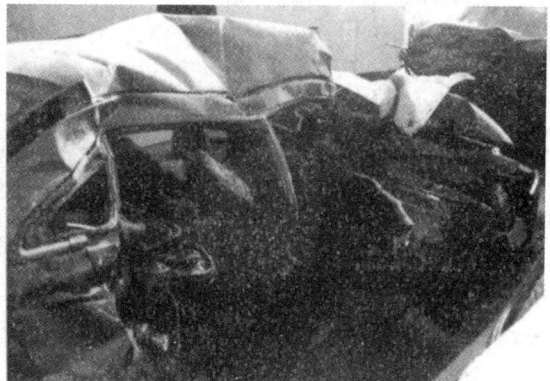

图 8 - 22　雷诺车变形情况

2. 雷诺车侧滑过程的事故再现

根据车辆侧滑事故再现流程图 8 - 17，为了能够顺利再现本节中的车辆侧滑事故案例，需要先再现事故现场，然后对雷诺车的侧滑运动进行再现，再对雷诺车与奥迪车的碰撞过程进行再现，最后再补充奥迪车在雷诺车侧滑时间段内的运动过程，详细的仿真再现过程如下。

1）重建事故现场

事故现场再现是所有类型事故再现的基础，只有在客观反映实际情况的虚拟事故现场的基础上，才有可能获得客观的事故再现结果。注意到本案例事故发生路段为平坦且干燥道路，且事故现场道路主体为直路，因而仅需在 Pc – Crash 中建立一条平坦的道路则可满足仿真的需要。再通过将事故现场示意图（图 8 – 18）直接导入到 Pc – Crash 中，依据该图中两点间的实际距离 22 m 对事故现场示意图进行合理缩放，即可以非常简单地建立起二维的事故现场。

2）创建事故仿真模型

注意到案例中防护栏是事故参与者，在建立事故现场过程中需要建立防护栏模型，可以通过在 Pc – Crash 中调入"墙"的模型后，按照防护栏的参数进行修改，建立事故中所需的防护栏模型，考虑到视觉效果，在防护栏周边建立行道树模型。由此，一个美观的三维事故现场则建立完毕，如图 8 – 23 所示。为产生更好的视觉效果，再在图 8 – 23 基础上通过 Pc – Crash 自带"EditDXFDrawing"工具，还可以建立出平坦道路的路面模型，效果见图 8 – 24。

图 8 – 23　事故现场模型

图 8 – 24　道路路面模型

在获得客观的事故现场后，则可以开始对雷诺车的侧滑运动进行再现。借助 Pc – Crash 软件，并调用与事故车辆相近的车辆模型，然后对相关参数进行修改后，便能建立事故车即雷诺车的模型。

最后则需要选定路面的摩擦因数，注意到事故现场干燥，在参考相关资料后，将车路间摩擦因数的值设为 0.8。

3）事故仿真

可以利用驾驶模型控制雷诺车的运动轨迹，选择动力学仿真模式，在通过反复调整雷诺车车速以及其指定运动轨迹后，直到获得与实际轨迹尽可能吻合的轨迹位置。在案例中，最终发现，当雷诺车的车速为 101 km/h 的时候，且驾驶轨迹如图 8 – 25 所示时，仿真中所遗留的痕迹与实际情况最为吻合。在图 8 – 25 中,仿真时间为 2.88 s,通过该图可以发现,此仿真是能够客观反映实际情况的,其所得结果是客观与可信的。

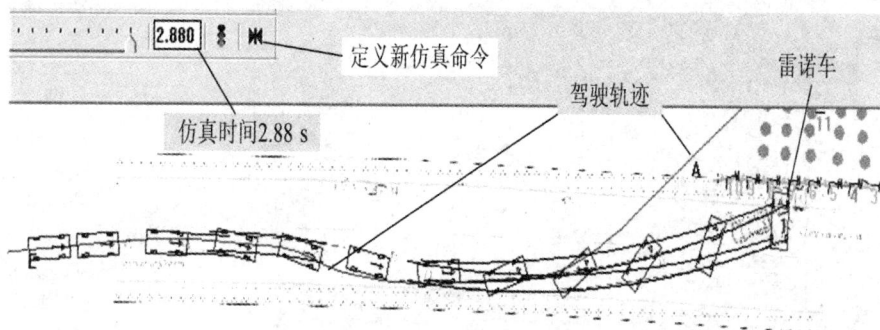

图 8 – 25　仿真过程中雷诺车的运动轨迹

当雷诺车的侧滑运动被成功仿真后,接下来要做的主要工作就是对雷诺车与奥迪车的碰撞过程及碰撞后两车的运动情况进行仿真。严格按照流程图 8 – 17,则能完成此步骤。

该案例中,发现当仿真时间为 2.88 s 的时候,侧滑的雷诺车能够运动到碰撞区域,相关位置信息可参见图 8 – 25。2.88 s 时刻雷诺车的运动状态参数在图 8 – 26 中给出。在图 8 – 26 中,"C. G. Location"表示雷诺车此时刻的重心位置,"Velocity"表示雷诺车此时刻车辆行驶的速度与方向,"Heading"表示该车车头的朝向,"Ang. Velocity"表示雷诺车在此时刻的运动角加速度。

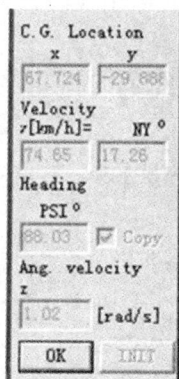

图 8 – 26　车 – 车碰撞事故前瞬间雷诺车的运动状态参数

3. 雷诺车与奥迪车碰撞过程的事故再现

接下来,可以利用软件 Pc – Crash 中自带的一个命令"定义新仿真"(详见图 8 – 25),重新定义一个仿真,然后建立奥迪车的模型,并根据奥迪车与雷诺车车辆变形之间存在的宏观关系,将它们的位置调整到最符合碰撞发生时刻的位置,再通过对奥迪车的碰撞位置、碰撞角度以及相关的碰撞摩擦因数、恢复系数等参数进行微调(此处要特别强调的是,此时雷诺车的所有参数均不能有任何形式的改动)。

在该案例中,发现当选取奥迪车运动状态相关参数如图 8 - 27 中所示时候,所得结果与实际情况最为吻合。再现仿真中,雷诺车与奥迪车相撞瞬间的相对位置见图 8 - 28,该图中,车 1 表示雷诺车,车 2 表示奥迪车。

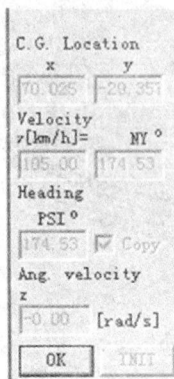

图 8 - 27 奥迪车的运动状态参数

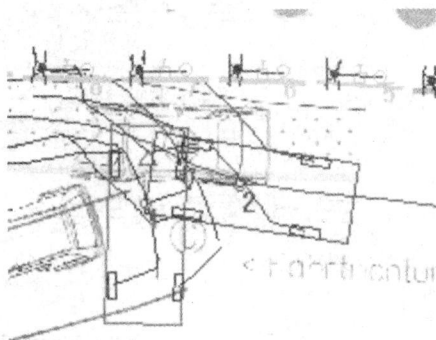

图 8 - 28 碰撞前奥迪车与雷诺车的相对位置

碰撞后两车的停车位置通过图 8 - 29 与图 8 - 30 给出,其中 8 - 29 为二维视图,图 8 - 30 为三维视图。通过这两个图发现,图 8 - 29 中雷诺车并没有完全停止于事故现场图中所给出的停车位置,但是对比图 8 - 29 与图 8 - 30 可以轻易地发现,奥迪车与雷诺车在道路上最终停止的相对位置是非常接近的。如果注意到奥迪车准确停止于事故现场图中的停止位置,便有理由相信此案例中两车都停止于与实际情况非常吻合的停车位置。

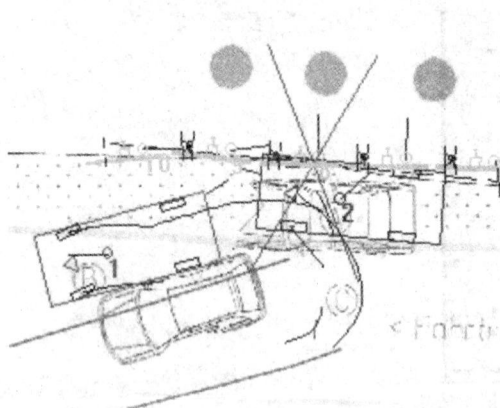

图 8 - 29 奥迪车与雷诺车的最终位置(二维)

图 8 - 30 奥迪车与雷诺车的最终停止位置(三维)

最后再来看碰撞过程中的 EES 值,仿真中雷诺车(车 1)的 EES 值是 73.76 km/h,而奥迪车(车 2)的 EES 值是 69.63 km/h,并借助奥地利 DSD 公司所提供的 EES 数据库中的类似的车辆变形图片进行对比(详见图 8 - 31 与图 8 - 32),可以说,仿真中的 EES 值是能导致图 8 - 21 与图 8 - 22 那样的车辆变形情况的。

至此,可以得知仿真结果确实可以反映出真实的事故发生情况。

图 8-31　当 EES 值为 63.67 km/h 时车辆变形图(雷诺车,侧面碰撞)

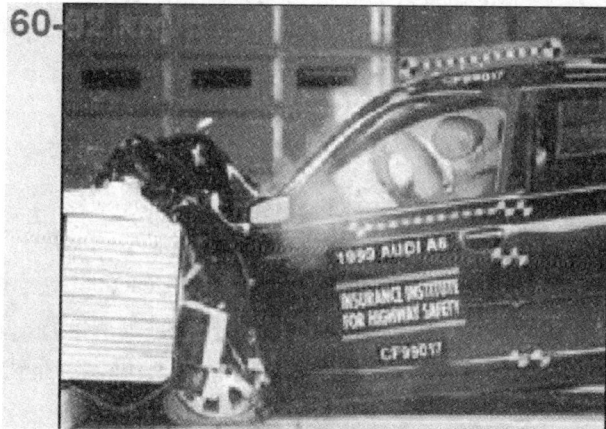

图 8-32　当 EES 值为 60~62 km/h 时车辆变形图(奥迪车,正面碰撞)

4. 奥迪车在碰撞前运动过程的事故再现

在图 8-27 中给出了奥迪车碰撞前那一瞬间的相关运动参数,借助这些参数以及 Pc-Crash 软件内所提供的驾驶模型,采取运动学的仿真再现方法,便能够顺利地完成对于奥迪车碰撞前运动过程的再现。考虑到在碰撞前,雷诺车已经运动了 2.88 s,为了使得能够获得同一时刻的仿真再现结果,则需要将奥迪车在碰撞前的运动时间亦设置为 2.88 s,此时刻奥迪车的位置在图 8-28 中给出。

在该案例中,注意到事故现场图中并未给出奥迪车在道路上留下任何的痕迹,故使得仿真变得更为简单,仅仅只需将其车速设定在一个恒定的 105 km/h 则可。在这一部分中,还可以进一步结合道路的线性以及奥迪车的运动轨迹,对路段的交通安全进行深入的分析与研究;也可以将碰撞前雷诺的侧滑运动以及奥迪车的行驶过程及车辆碰撞过程与碰撞后两车的运动的仿真再现情况合并成一个视频,以形成良好的交通安全教育素材。由于这两个部分均非本章的主要研究内容,故在此处省略。

5. 案例仿真结果分析

综上可知，借助分步的方法对该案例进行再现，可以容易地使得雷诺车的运动轨迹与实际事故中该车的运动轨迹一致。而在车 - 车碰撞过程中，又保证了两车碰撞位置、碰撞方位以及能量损失等与实际情况尽可能地吻合。最后，还能够确保再现仿真中两车停止位置与实际情况中两车的停止位置是一致的。

至于对于奥迪车在碰撞前运动过程的仿真，考虑到该车在碰撞前并未在事故现场留下任何形式的痕迹，故可以选择一个恒定的车速，从而降低此过程的难度。在通过大量的图片、痕迹信息比对后，可以说，实际事故中的各类痕迹均能在仿真中找到合理的解释，故可以认为此仿真能够反映真实的事故情况，事故再现结果的客观性与可信度是有保障的。

同时注意到，因为是分步对事故进行再现，有效地降低了事故再现的难度，提高了事故再现的效率，使得再现一起事故案例的时间得到了明显的减少。

8.5.3 基于 Pc - Crash 的两种车辆运动控制方法的对比分析

在 Pc - Crash 软件中，有两种控制车辆运动的方式，分别是 Sequence 模块和 Pc - Crash 自带的控制车辆行驶方向的"驾驶模型"，本节旨在用不同的方式对同一事故案例进行仿真再现，对比分析其仿真结果。

1. 基于 Sequence 的车辆运动控制方法

1）Sequence 简介

Sequence 模块用于控制车辆加减速、驾驶员反应、转向、换道，通过调整前轮转角、仿真时间或距离等参数进行仿真模拟。仿真时可为每个车辆添加不同的序列，组合不同序列以此表征驾驶员不同时刻的驾驶操作。其主要运行功能如下：Reaction 中可设定驾驶员应对某一突发事件的反应时间或距离；Start 表示模拟时间为零时刻时车辆位置；Brake/Accelarate 中可设定车辆的加或减速度，控制车辆的加速或刹车；Steering 中可设定车辆的前轮转角，控制车辆的运动方向。

2）基于 Sequence 的车辆运动控制方法流程

（1）重建事故现场。导入事故现场图，按比例缩放；先从车辆数据库中调出与事故车辆相符的车辆模型，再修改车辆参数。

（2）模拟车辆的运动。预估事故车辆行驶速度，依据事故现场痕迹在 Sequence 中添加序列。

（3）将仿真痕迹与事故现场痕迹反复进行对比，当仿真痕迹与事故现场痕迹高度吻合，则视为仿真成功，便可继续第（4）步，否则重新进行第（2）步。

（4）输出相应参数，具体事故再现流程如图 8 - 33 所示。

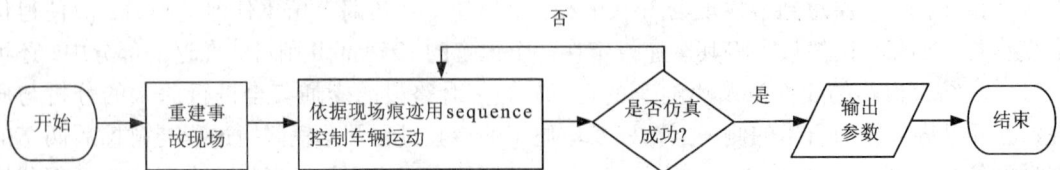

图 8 - 33　基于 Sequence 的事故再现流程

2. 基于驾驶模型的车辆运动控制方法

1）驾驶模型简介

驾驶模型是 Pc - Crash 自带的控制车辆行驶方向的模型，有 Fuzzy（模糊控制，基本原理为插值原理）和 PID（比例、积分、微分的英文缩写，即 Proportion Integral Derivative，PID）两种控制方法。通过调整车辆的行驶路径进行仿真模拟，仿真时车辆行驶路径规划好后，可选择 Kinetics（动力学）驾驶模型或 Kinematics（运动学）驾驶模型，两者区别如下：

（1）Kinetics 驾驶模型：指遵守动力学原理，是一种与实际情况非常相近的车辆运动仿真模型，选用动力学驾驶模型仿真时，汽车急转弯时不会完全按照定义路径方向行驶。

（2）Kinematics 驾驶模型：指不考虑汽车物理性质与作用于汽车上的力，单从几何角度来模拟汽车随时间的运动，当选择运动学驾驶模型仿真时，汽车在任何情况下均将完全按照定义路径行驶。

2）基于驾驶模型的车辆运动控制方法流程

驾驶模型再现流程与 Sequence 再现流程类似，先重建事故现场，再仿真侧滑运动，然后将仿真痕迹与事故现场痕迹对比，最后输出仿真结果，流程如图 8 - 34。

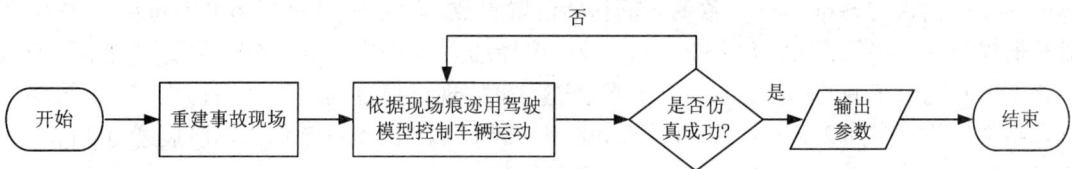

图 8 - 34　基于驾驶模型的事故再现流程

3. 仿真案例

1）事故案例介绍

本节在这里对 8.5.2 节中案例中车辆的侧滑部分进行两种车辆运动控制方法的再现对比。

2）事故再现

（1）采用 Sequence 再现车辆侧滑事故。

①重建事故现场。将事故现场示意图导入 Pc - Crash 中，根据图中两点间的距离标记，将事故现场示意图按比例缩放（在 Pc - Crash 比例框中输入 A 与 B 间的实际距离 22 m），车路间摩擦因数设置为 0.8；从 Pc - Crash 车辆数据库中调入事故车辆模型，事故现场重建完成，如图 8 - 35 所示。

②车辆侧滑再现。在 Sequence 中输入预估车速并添加序列，第 1 个序列为 Start，第 2 个和第 3 个序列为 Brake，同时在 Steering 转向模块中设定或调节车辆前轮转角。通过分析现场侧滑痕迹可知第 2 个序列方向向右，第 3 个序列方向向左。反复仿真并微调各个序列中的参数，当仿真痕迹与现场图痕迹高度吻合时，仿真成功。仿真终止时间为 2.780 s，仿真结果如图 8 - 36 所示。其中初始仿真车速为 102 km/h，由图可知仿真痕迹与侧滑痕迹高度吻合，可认为仿真结果真实、可信。

（2）采用驾驶模型再现车辆侧滑事故。

根据驾驶模型的事故再现流程图建好事故现场后（重建方法与 Sequence 的相同），再在

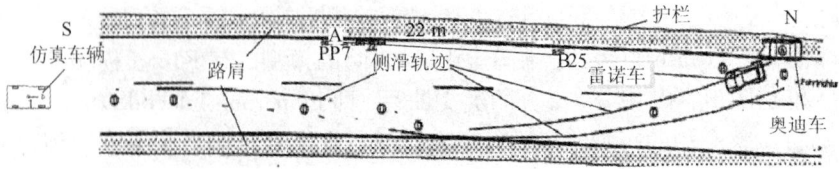

图 8 - 35　重建的事故现场示意

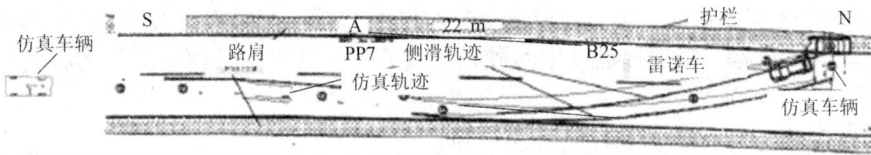

图 8 - 36　Sequence 仿真结果

Dynamics 中输入与 Sequence 一致的车辆初始位置参数，然后用"Define path points"模块给侧滑车辆规划一条路径，如图 8 - 37 所示，最后选择动力学驾驶模型。不断调整规划路径曲线形状来控制侧滑车辆的运动方向，当仿真痕迹与事故现场痕迹高度吻合则仿真成功，可输出仿真结果。仿真时间 2.780 s，仿真结果如图 8 - 37 所示，由图可知仿真侧滑痕迹与实际车辆侧滑痕迹吻合度很高，可认为仿真结果真实可信。

　　3）仿真结果比较分析

　　（1）局部时刻车辆输出结果对比。

　　当仿真时间为 0.967 s 时，两种方法的车辆位置示意分别如图 8 - 37 和图 8 - 38 所示，Pc - Crash 输出参数见表 8 - 2。

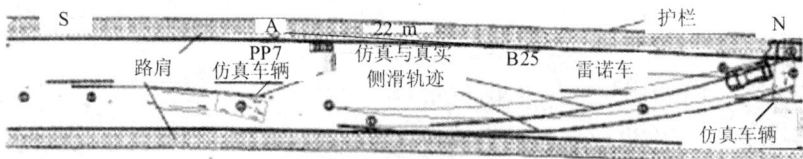

图 8 - 37　Sequence 仿真车辆位置示意

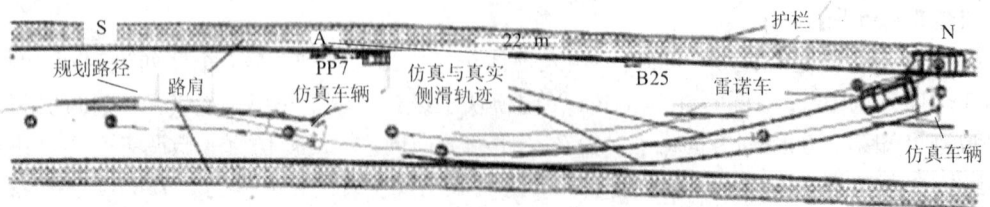

图 8 - 38　驾驶模型仿真车辆位置示意

表 8 - 2　0.967 s 时车辆输出参数对比

方法	X/m	Y/m	速度/(km·h^{-1})	速度方向/(°)	车头朝向/(°)
Sequence	20.150	-8.343	100.76	-6.04	-13.27
驾驶模型	20.093	-8.271	100.57	-6.33	-15.06

当仿真时间为 2.780 s(仿真终止)时,两种仿真方法的车辆位置示意分别如图 8 - 39 和图 8 - 40所示,Pc - Crash 输出参数见表 8 - 3。

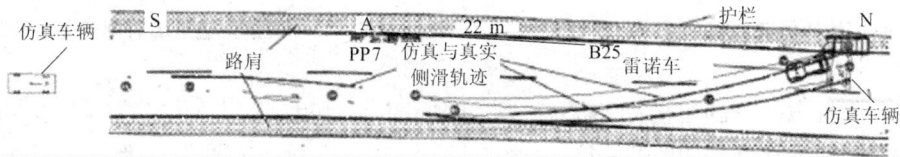

图 8 - 39　Sequence 仿真车辆终止位置示意

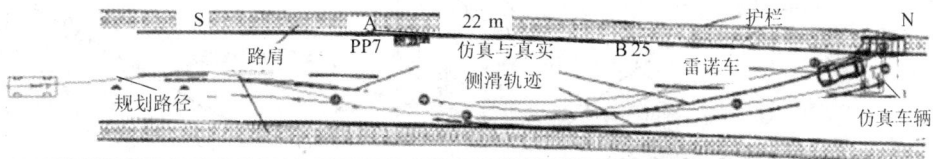

图 8 - 40　驾驶模型仿真车辆终止位置示意

表 8 - 3　终止时刻车辆输出参数对比

方法	X/m	Y/m	速度/(km·h^{-1})	速度方向/(°)	车头朝向/(°)
Sequence	66.011	-5.835	73.77	-13.65	-85.94
驾驶模型	66.355	-5.832	75.96	-14.33	-86.96

由仿真结果可知,针对两种不同仿真方法,在初始参数完全一致的情况下,车辆在 2 个不同时刻所处的位置基本一致。X 位置相差 0.344 m,其余各参数均很接近,当速度在 0.967 s时相差 0.19 km/h。在终止时刻,两车车速相差约 2 km/h,在事故再现领域是误差所允许的范围。

(2)整体仿真时间内车辆各物理输出参数随时间变化规律。

为研究 2 种模型下车辆的行驶稳定性,采用 Matlab 绘制轮胎侧向力、横摆角速度随时间的变化规律曲线图(图 8 - 41、图 8 - 42),图 8 - 41 中因 4 个轮胎侧向力重合度很高,故只能看到 2 条曲线,由图看出 2 种模型下输出的侧向力、横摆角速度曲线大体一致,说明汽车行驶稳定性很接近,也从更深层的角度解释了上述 2 个时刻车辆侧滑位移(Pc - Crash 输出的 X

与 Y 位置参数)很接近的原因,曲线走向先负后正与车辆行驶方向先右后左一致。

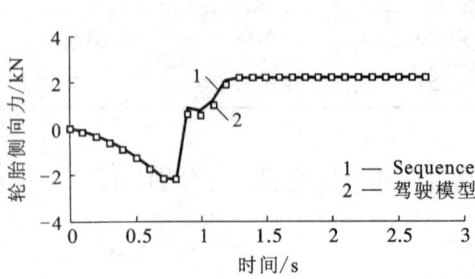

图 8 - 41　轮胎侧向力随时间变化规律对比

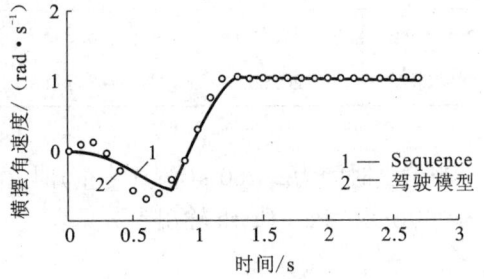

图 8 - 42　横摆角速度随时间变化规律对比

为研究两种方法下的车辆行驶状态,采用 Matlab 将速度、车头朝向、前轮转角随时间变化的规律绘制成曲线分别如图 8 - 43、图 8 - 44、图 8 - 45 所示,图 8 - 45 中"LF"表示左前轮,"RF"表示右前轮。

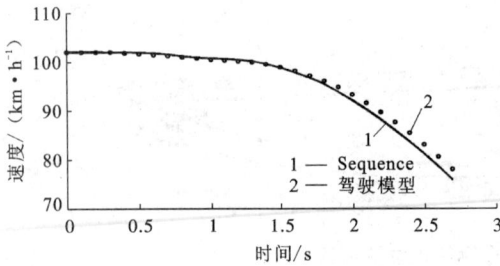

图 8 - 43　行驶速度随时间变化规律对比

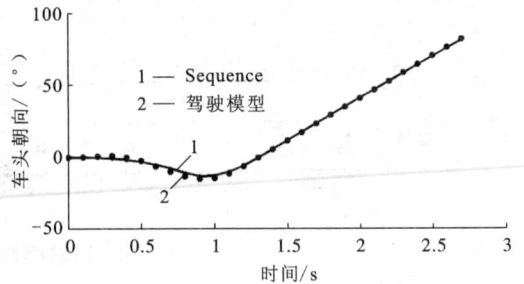

图 8 - 44　车头朝向随时间变化规律对比

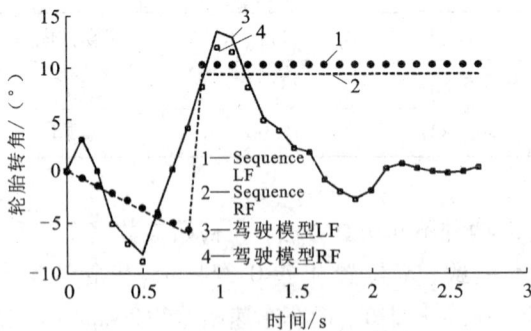

图 8 - 45　轮胎转角随时间变化规律对比

由图 8 - 43 和图 8 - 44 发现,在仿真终止时刻,基于驾驶模型仿真的车速稍大于基于 Sequence 仿真车速,在中间时刻,基于两种模型的仿真车速基本相同。两种仿真模型下的车头朝向曲线高度一致,在仿真时间为 1 s 左右,驾驶模型仿真下的车头朝向略小于 Sequence 仿真下的车头朝向,这与表 1 和表 2 的结果一致。图 8 - 45 中,轮胎转角曲线一致性较差,原因是两种方法均是通过改变轮胎转角来控制车辆运动,在使用 Sequence 仿真时,在一定时间段内轮胎转角是恒定的,故而其变化趋势具有明显的跳跃性;而使用驾驶模型仿真时,轮胎转角根据规划路径曲线的变化而时刻调整,导致其变化趋势具有连续性。

4. 结论

采用 Squence 模块和驾驶模型两种车辆运动控制方法再现交通事故,结论如下:

(1)基于 Sequence 模块和驾驶模型的事故再现流程,对同一单车侧滑事故进行事故再现,两种车辆运动控制方法的结果显示,事故的仿真痕迹与事故现场图痕迹吻合度均较高。

(2)从局部仿真时间与整体仿真时间两个方面,分别采用列表和绘制曲线图的方式对比分析两种运动控制方法的控制结果。在 0.967 s 和 2.780 s(仿真终止)时,两种方法的仿真模型的输出参数中,除仿真车速误差约 2 km/h 外,其他参数值均较接近;由曲线图分析可知,除轮胎转角外,其他各参数随时间的变化规律均较相似。综合分析可知,两种控制方式的仿真模型间具有良好的互通性。

3)研究结果适用于单车的车辆侧滑事故,对于其他类型交通事故的再现研究,则需在后续工作中逐一证实。

8.6　基于 Pc – Crash 的多车碰撞事故再现

本节将以 Pc – Crash 为仿真平台,充分利用可获得的事故信息,研究基于该软件的多车碰撞事故再现。

多车碰撞事故一旦发生往往会造成严重的事故后果,并且因为参与的车辆较多,事故现场各车留下的道路痕迹、车体痕迹等信息多且杂乱,各车之间的碰撞位置、碰撞形态也难以确定。这不仅给事故现场勘查工作带来了困难,也加大了事故再现的难度。因此,需要一种有效的仿真方法来指导多车碰撞事故的仿真,使得仿真过程高效、简便,仿真结果可靠。

8.6.1　多车碰撞事故再现流程

多车碰撞事故的碰撞过程其实可以理解为多辆车两两之间的相互碰撞,因此可以将多车碰撞事故的仿真过程划分为多个两车碰撞的仿真,称之为分步仿真法,其具体操作可以按照以下几个步骤进行:

(1)根据事故现场的勘查结果,将多车碰撞分为多个具体的两车碰撞,确定好各两车碰撞之间的参与者,选出最先发生碰撞的两辆车,按照仿真步骤进行仿真,当两车碰撞仿真完毕之后,输出其碰撞后的参数。

(2)根据上一步的仿真结果,重新定义一个新的仿真。在上一个碰撞仿真输出的参数条件下对紧接下来发生的两车碰撞进行仿真,仿真完成后输出其碰撞后的参数。重复以上步骤直至所有两车碰撞仿真完毕。

(3)最后将以上所有的车辆碰撞结合到一起,若结合后的仿真结果与实际情况相吻合则可以对各车碰撞前的运动状态进行仿真,至此仿真完毕;若结合后的仿真结果与实际情况不吻合,回到第一步重新开始直至吻合。

为了更加方便与直观地了解整个多车碰撞再现过程,将多车碰撞仿真再现步骤制作了一个仿真流程图，如图 8 - 46 所示。

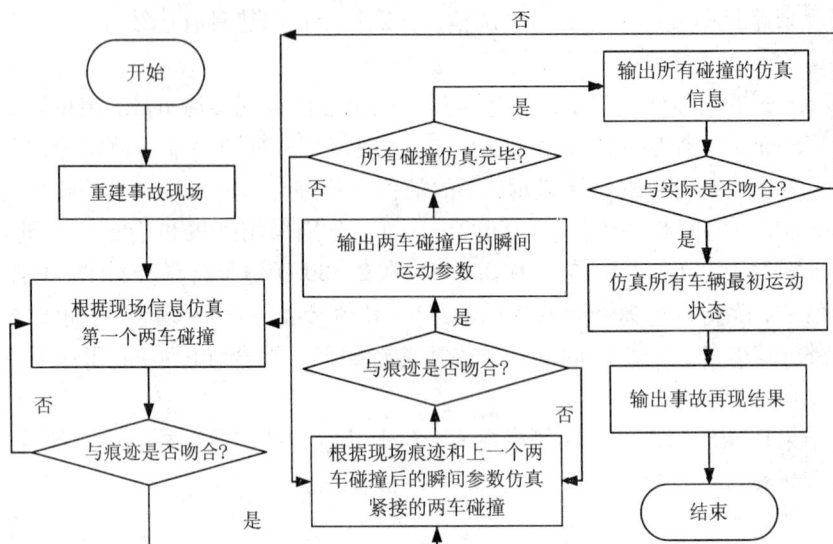

图 8 - 46　多车碰撞事故再现流程

8.6.2　一起真实的多车碰撞事故的再现

1. 案例介绍

在 2010 年的某一天，某城市的一个 T 字形路口，一辆由北往南行驶的英菲尼迪轿车追尾一辆完全制动在路口等候绿灯的菲亚特轿车，造成菲亚特轿车严重变形、乘员伤亡的后果；在两车发生碰撞之后，英菲尼迪轿车向南滑行并与在前方路口进行左转的公交车发生碰撞，碰撞位置为公交车的左侧前部；在三辆车发生碰撞的期间，一辆两轮车由东向西从中行驶过去，并未发生碰撞。最终菲亚特轿车停在距离其初始停止位置前方 20 m 远处，英菲尼迪轿车停止在与公交车相撞的位置，其事故现场示意图见图 8 - 47。

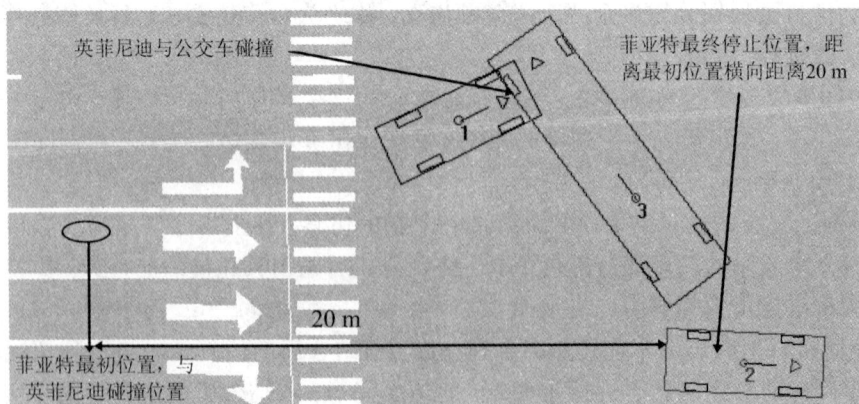

图 8 - 47　事故现场示意图

2. 事故再现

为方便描述,下文中的英菲尼迪轿车、菲亚特轿车、公交车以及两轮车分别用车 1、车 2、车 3、车 4 代替。根据仿真流程图的指导,可将该事故案例按以下步骤进行仿真:第一步,事故现场重建;第二步,仿真第一个两车碰撞,即车 1 与车 2 的碰撞,仿真完成后输出碰撞后的参数;第三步,在车 1 与车 2 碰撞后的条件下定义新的仿真,仿真车 1 与车 3 的碰撞;第四步,仿真车 1、车 2、车 3 在碰撞前的运动状态以及车 4 在整个事故中的运动状态。

1) 重建事故现场

由于该事故案例发生地点开阔,现场信息明确,因此可直接利用 Pc - Crash 软件根据事故现场勘查的信息直接绘制事故现场图,重建后的事故现场如图 8 - 48 所示。

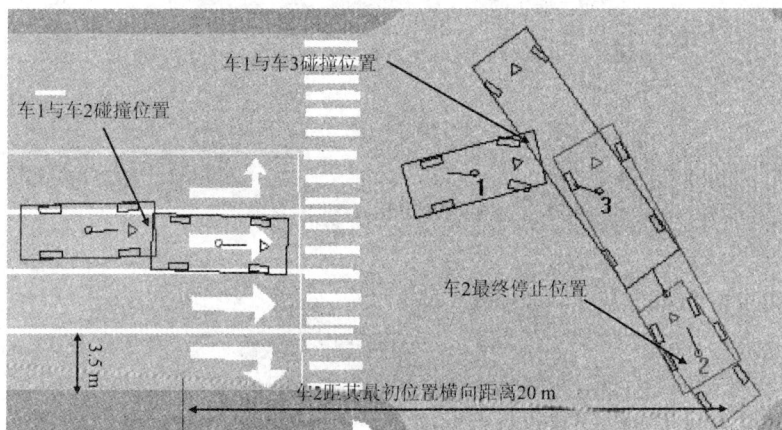

图 8 - 48　事故现场重建图

2) 车 1 与车 2 的碰撞仿真

在事故现场建立完毕之后,从 Pc - Crash 软件的车辆数据库中调出车 1 与车 2,开始车 1 与车 2 的碰撞仿真。因为车 2 是停止在路口的,所以设置车 2 的车速为 0 km/h 并且完全制动,不断调试车 1 与车 2 的碰撞点、碰撞角度以及车 1 的速度、加速度等仿真参数进行仿真。发现当车 1 的碰撞速度为 110 km/h,且两车的碰撞位置和碰撞角度如图 8 - 49、图 8 - 50 所示时,两车碰撞后车 1 的运动方向以及车 2 最终的停止位置都与实际情况十分吻合。仿真完后,两车的相对位置状态如图 8 - 51、图 8 - 52 所示。

在该次仿真中车 1 的 EES 值为 63.58 km/h,车 2 的 EES 值为 67.69 km/h。根据车 1 的 EES 值及车 1 的损坏位置和车辆型号,从 Pc - Crash 软件中的 EES 数据库找到与其接近的 EES 值对应的损伤车辆(图 8 - 53),其损伤情况与车 1 的损伤情况(图 8 - 54)十分接近;同理,从 EES 数据库找到与车 2 EES 值接近的损伤车辆(图 8 - 55),其损伤情况与车 2 的损伤情况(图 8 - 56)十分接近。通过以上分析,可以认为该步骤中的两车碰撞仿真是成功的。

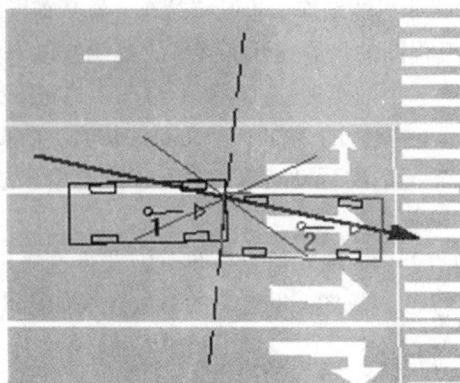

图 8 – 49 车 1 与车 2 相对碰撞位置示意(二维)

图 8 – 50 车 1 与车 2 相对碰撞位置示意(三维)

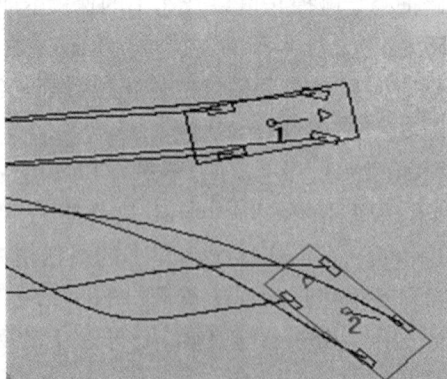

图 8 – 51 车 1 车 2 碰撞后停止位置示意(二维)

图 8－52　车 1 车 2 碰撞后停止位置示意（三维）

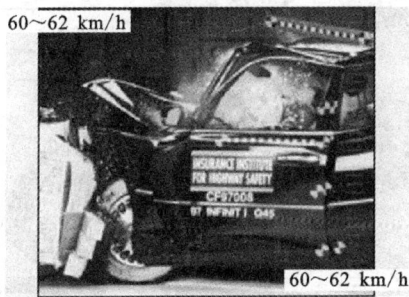

图 8－53　正碰车辆 EES 情况（英菲尼迪）

图 8－54　车 1 变形情况

图 8－55　追尾车辆 EES 情况（菲亚特）

图 8－56　车 2 变形情况

3）车 1 与车 3 的碰撞仿真

在完成车 1 与车 2 的碰撞仿真之后，输出两车的运动参数，调入车 3 模型并重新定义仿真。车 1 的运动方向、车速等参数保持不变，不断调整车 3 的位置、速度、运动方向等参数进行车 1 与车 3 的碰撞仿真。发现当车 3 的车速为 22 km/h 时，车 1 与车 3 发生碰撞，且其碰撞位置及碰撞形态等信息都与实际情况十分吻合(图8-57、图8-58),可以认为此步骤的两车碰撞仿真是成功的。

4)碰撞前各车的运动仿真

车2在碰撞之前是完全制动的,因此无须参与该步骤的仿真;由于车4在整个运动过程中没有发生碰撞,故只需在0时刻调入车4的车辆模型,定义其驾驶路径,保证其运动状态与实际情况吻合且不与其他车辆发生碰撞即可。获取前文仿真中车1与车2碰撞瞬间车1的运动参数及车1与车3碰撞瞬间车3的运动参数,定义两车碰撞前行驶路径,采用运动学仿真法,选择车1与车3参与仿真,在0时刻往前拉1~2 s,车1与车3在整个碰撞事故发生前的运动状态则被仿真出来,至此,该事故的所有运动仿真完毕。图8-59所示为事故发生前各车的运动状态,图8-60所示为整个事故碰撞过程中各车的运动状态。

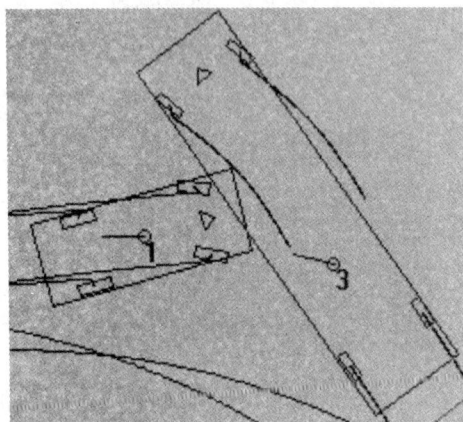

图8-57　车1与车3的相对碰撞位置(二维)

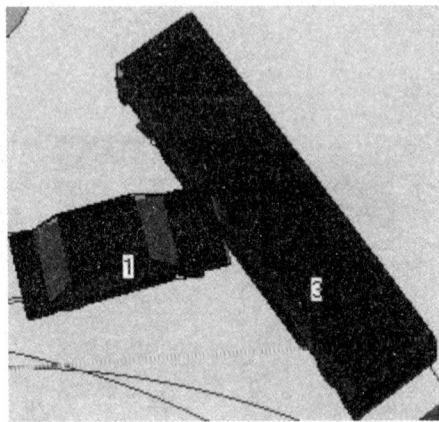

图8-58　车1与车3的相对碰撞位置(三维)

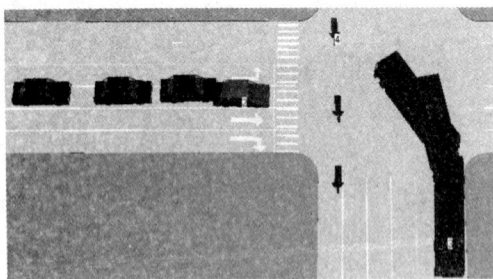

图8-59　碰撞前各车运动状态

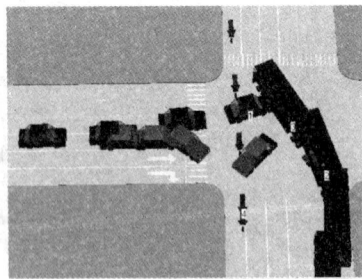

图8-60　整个事故过程运动状态

通过对该多车碰撞事故案例的仿真,可以发现其仿真结果与现场勘查情况十分吻合,且其仿真过程清晰、简便。因此,将多车碰撞事故的仿真划分为多个两车碰撞仿真的分步仿真法,不仅能使多车碰撞的仿真难度下降、操作简便、方便调试与修改,还能提高仿真结果的可靠性。

8.7　基于 Pc – Crash 的车 – 两轮车碰撞事故再现

8.7.1　车 – 两轮车碰撞事故再现的仿真分析

本节将以 Pc – Crash 为仿真平台，充分利用可获得的事故信息，研究基于该软件的车 – 两轮车碰撞事故再现。

在车 – 两轮车碰撞事故中，区别于车 – 人碰撞事故的是，将调用行人模型转换为调用两轮车的骑车模型即可。具体再现操作流程图如图 8 – 61 所示。

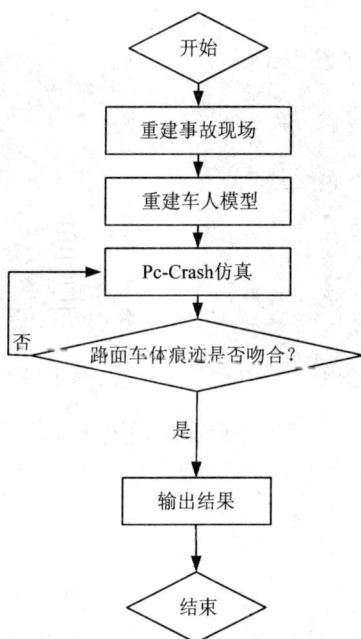

图 8 – 61　基于 Pc – Crash 的车 – 两轮车事故再现流程图

8.7.2　一起真实的车 – 两轮车碰撞事故的再现

1. 案例介绍

某城某天傍晚，一辆雪佛兰轿车由北往南行驶，行至红绿灯路口时与由西向东的电动两轮车发生碰撞。根据交警部门的调查，事故发生于平坦干燥的沥青路面，天气良好，能见度较好，车辆无故障，现场痕迹为骑车人血迹、两轮车和汽车最终停止位置，未发现制动痕迹，图 8 – 62 所示为事故现场示意图。骑车人头部无明显伤痕且其意识清醒，但左小腿开放性骨折、肋骨三处骨折、右小腿外伤。事故现场相关照片见图 8 – 63。

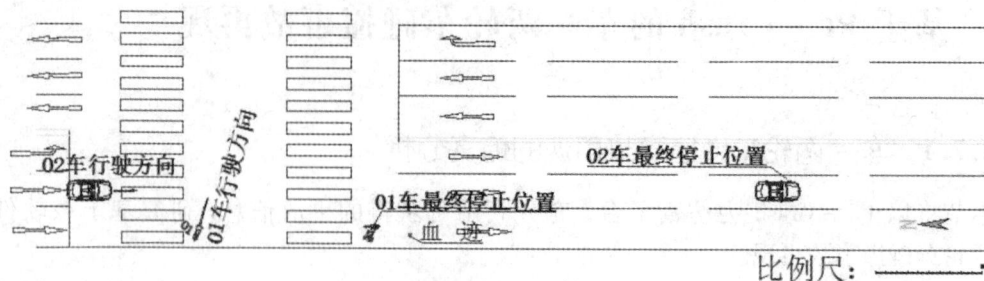

图 8 – 62　事故现场示意图

图 8 – 63　事故现场照片

2. 事故再现

1）重建事故现场

因该事故发生于平坦沥青路面，故无需建立三维道路，只需将事故现场示意图 8 – 62 调入 Pc – Crash 中，再根据图中比例尺的距离 10 m，将事故现场示意图按比例缩放则可。

2）车辆模型、两轮车模型、骑车人模型的建立

从 Pc – Crash 车辆模型库中直接调入与事故车辆相近的车辆模型，根据实际车辆数据参数修改模型对应参数，整备质量为 1770 kg，长、宽、高分别为 4598 mm、1797 mm、1470 mm，其他参数为软件默认值；电动自行车、骑车人模型选用 Pc – Crash 中的多刚体模型 maxi + driver 010910，根据电动自行车及骑车人信息更改相应参数。案例中骑车人高度为 171 cm、体重 70 kg；电动两轮车长为 1557 cm、把手高度为 960 cm，电动两轮车质量为 65 kg。其他参数为默认值。

3）仿真再现

通过多次再现分析，当轿车车速取 64 km/h、电动两轮车车速取 3 km/h，轿车与路面的附着系数取 0.6，电动两轮车与路面的附着系数取 0.7 时，再现结果与事故现场吻合程度最高。事故参与方最终静止位置与实际位置均最接近，见图 8 – 64。

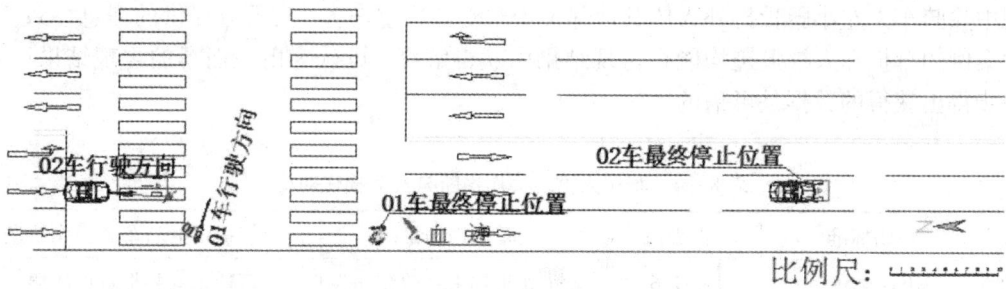

图 8-64　再现结果

4）再现结果分析

为保证再现结果的可靠性，需借助车身变形和骑车人损伤来检验仿真结果的可靠性。图6-65 分别为仿真时间 $t = 60$ ms 和 $t = 130$ ms 时人车相对位置与车辆受损情况对比图，其中左图为再现图，右图为事故中车辆实际变形情况。当再现时间 $t = 60$ ms 时，电动车与小轿车右前方接触；当 $t = 130$ ms 时，骑车人与轿车右侧车身发生刮擦。从图 8-65 与图 8-66 中可以看出再现结果与车辆实际变形情况一致。

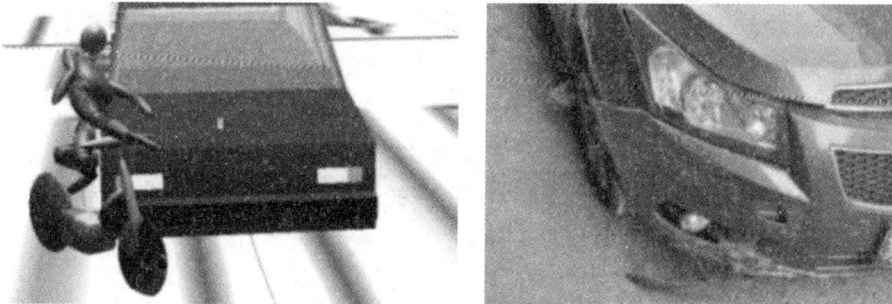

图 8-65　再现 60 ms 时刻人车相对位置与轿车受损情况

图 8-66　再现 130 ms 时刻人车相对位置与轿车受损情况

表 8 - 4 给出再现骑车人不同部位的损伤推测结论与交警所提供信息的对比,可以看出再现中除骑车人左小腿骨折外人体其他部位均未受到严重伤害,与警方提供的信息一致。表明此案例的车损和人损痕迹均能在再现结果中获得解释,可认为由此而得的再现结果可靠,进一步得出获得的数据是可信的。

表 8 - 4　骑车人再现损伤推断与实际损伤对比

部位	损伤标准	再现值	骑车人损伤推断	交警提供的骑车人损伤信息
头部	HIC5 ≤ 1000	997.6	骑车人头部未受致命伤害	两轮车驾驶员意识清醒
胸部	3 ms 加速度 ≤ 60g	22.53g	骑车人胸部未受致命伤害	两轮车驾驶员三处肋骨骨折
大腿	股骨耐受极限 6.3 kN	左:2303.7 N 右:5674.5 N	骑车人大腿未骨折	两轮车驾驶员大腿正常
小腿	胫骨耐受极限 4 kN	左:4781.5 N 右:2363.2 N	骑车人左腿骨折	两轮车驾驶员左小腿开放性骨折,右小腿外伤

复习与思考题

1. 何为事故再现?
2. 事故再现的现实意义是什么?
3. 常用的事故再现仿真软件有哪些?
4. 基于 Pc - Crash 事故再现的一般步骤是什么?
5. 基于 Pc - Crash 的车辆运动控制方法有哪些?
6. Pc - Crash 在事故鉴定中的作用是什么?
7. 多车碰撞事故的事故再现有何特点?

参考文献

[1]王樹权. 道路交通事故分析与处理方法[M]. 北京：人民交通出版社，2001.

[2]沈斐敏. 道路交通安全[M]. 北京：机械工业出版社，2007.

[3]张道文，廖文俊. 交通事故车辆安全技术鉴定教程[M]. 北京：北京大学出版社，2012.

[4]郑安文，苑红伟. 道路交通安全概论[M]. 北京：机械工业出版社，2010.

[5]牛学军. 道路交通事故现场勘查实务指南[M]. 北京：中国人民公安大学出版社，2013.

[6]裴玉龙. 道路交通安全[M]. 北京：人民交通出版社，2007

[7]肖贵平，朱晓宁. 交通安全工程[M]. 第2版. 北京：中国铁道出版社，2011.

[8]何勇，唐铮铮. 道路交通安全技术[M]. 北京：人民交通出版社，2008.

[9]邹铁方，陈元新. 乡镇公路弯道路面条件对行车安全的影响分析[J]. 中国安全科学学报，2014，24（9）：77－82.

[10]张兴强. 城市交通安全[M]. 北京：北京交通大学出版社，2015.

[11]唐铮铮，侯德藻，姜明 道路交通标志和标线手册[M]. 北京：人民交通出版社，2009.

[12]刘志强，赵艳萍，倪捷. 道路交通事故分析与预防[M]. 江苏：江苏大学出版社，2014.

[13]杜心权，李英娟. 道路交通事故处理[M]. 北京：中国人民公安大学出版社，2014.

[14]许洪国. 交通事故分析与处理[M]. 北京：人民交通出版社，2003.

[15]郑安文，郭建忠. 重视道路因素对道路交通安全的影响作用[J]. 武汉科技大学学报，2002，25（1）：31－34.

[16]许洪国. 道路交通事故分析与再现[M]. 北京：警官教育出版社，2000.

[17]张芳，周华，唐灿，等. 车车事故再现方法研究[J]. 汽车实用技术，2016（8）：261－264.

[18]何烈云. 基于Pc－Crash的车辆侧翻事故再现仿真实验[J]. 实验技术与管理，2015，32（12）：135－139.

[19]廖文俊，李师可，张志勇. 基于痕迹检验的交通事故再现鉴定案例分析[J]. 中国司法鉴定，2014（4）：71－75.

[20]张勇刚. 基于监控视频的Pc－Crash车人碰撞事故再现仿真再验证[J]. 刑事技术，2015，40（3）：252－255.

[21]邹铁方，余志，蔡铭，等. 基于Pc－Crash的车－人事故再现[J]. 振动与冲击，2011，30（3）：215－219.

[22]曾必强，高继东，彭伟. 基于事故再现的行人头部碰撞研究[J]. 汽车工程，2016.38（8）：961－966.

[23]邹铁方，蔡铭，杜荣华，等. 车人碰撞事故再现技术研究进展[J]. 中国安全科学学报，2011，21（8）：95－100.

[24]羊玢，余志，蔡铭，等. 汽车与行人碰撞事故再现仿真研究[J]. 森林工程，2012，28（3）：43－46.

[25]邹铁方，王玉，王哲. 基于Pc－Crash软件的人－车碰撞事故仿真规律研究[J]. 中国安全科学学报，2010，20（2）：54－58.

[26]曹戈. 汽车与摩托车碰撞事故再现分析模型[J]. 中国安全科学学报，2014，24（9）：46－51.

[27]陈奇. 人车事故再现方法研究[J]. 科学技术与工程，2015，15（31）：101－105.

[28]邹铁方, 张志刚, 陈元新. 基于 Pc – Crash 的车辆侧滑事故再现方法[J]. 中国安全科学学报, 2013, 23 (1): 77 – 82.

[29]邹铁方, 易亮, 尹若愚, 等. Pc – Crash 中 2 种车辆侧滑事故仿真方法对比研究[J]. 中国安全科学学报, 2016, 26(7): 80 – 84.

[30]邹铁方, 尹若愚, 易亮, 等. 基于 Pc – Crash 的多车碰撞事故再现仿真分步方法[J]. 中国安全科学学报, 2016, 26(5): 59 – 63.

[31]邹铁方, 等. 汽车 – 摩托车碰撞事故车速及碰撞位置预估方法[J]. 中国安全科学学报, 2015, 25(1): 105 – 110.

[32]Jin Nie, Jikuang Yang. A study of bicyclist kinematics and injuries based on reconstruction of passenger car – bicycle accident in China[J]. Accident analysis and prevention, 2014, 71: 50 – 59.

[33]Toor A, Araszewski M. Theoretical vs. Empirical Solutions for Vehicle/Pedestrian Collisions[C]// SAE 2003 World Congress & Exhibition. 2008.

[34]Otte D, Krettek C, Brunner H, et al. Scientific approach and methodology of a new in – depth investigation study in germany called gidas [C]// International Technical Conference on the Enhanced Safety of Vehicles. 2003.

[35]Logan D B, Scully J, Sharwood L N, et al. ANCIS: progress report: July 2003 – December 2005[J]. Crash Severity, 2006.

[36]S J Ashton, J B Pedder, G M Mackay. Pedestrian Injuries and the Car Exterior[J]. University of Birmingham, 1977.

[37]Cuerden R, Richards D. PEDESTRIANS AND THEIR SURVIVABILITY AT DIFFERENT IMPACT SPEEDS [J]. 2007.

[38]Kerkhoff J F. Photographic Techniques for Accident Reconstruction[J]. Publication of Society of Automotive Engineers Incorporated, 1985.

[39]Tumbas N S, Kinney J R, Smith G C. Photogrammetry and Accident Reconstruction: Experimental Results [C]// International Congress & Exposition. 1994:176 – 181.

[40]Randles B, Jones B, Welcher J, et al. The Accuracy of Photogrammetry vs. Hands – on Measurement Techniques used in Accident Reconstruction[C]// SAE 2010 World Congress & Exhibition. 2010.

[41]Steffan H, Moser A. The Collision and Trajectory Models of PC – CRASH[C]// International Congress & Exposition. 1996.

[42] Anon. ACCIDENTRECONSTRUCTION: AUTOMOBILES, TRACTOR – SEMITRAILERS, MOTORCYCLES, AND PEDESTRIANS. [J]. Crash Investigation, 1987.

[43]Steffan H, Moser A. The Collision and Trajectory Models of PC – CRASH[C]// International Congress & Exposition. 1996.

[44]Moser A, Hoschopf H, Steffan H, et al. Validation of the PC – Crash Pedestrian Model[C]// SAE 2000 World Congress. 2000.

[45]Brach, Raymond M, R Matthew. Vehicle Accident Analysis and Reconstruction Methods[J]. Mechanical Engineering, 2005, 128(3).